Silvia Regelein

Klug gerechnet mit Hase und Igel

Mathematik 1. Klasse

Materialien für den Unterricht
Hase und Igel®

www.hase-und-igel.de

Lektorat: Monika Burger, Juliane Müller
Herstellung: Margit Kratzl, Claudia Trinks
Illustrationen: Martina Mair, Robert Burian (Würfelhäuser)
Druck: Himmer AG, Augsburg

ISBN 978-3-86760-817-6

Vorwort

Frischer Wind für Ihren Mathematik-Unterricht! Mit diesem Band können Sie alle wesentlichen Lerninhalte des ersten Schuljahrs einführen, üben und festigen. Vielfältige Aufgabentypen und die sympathischen Figuren Hase und Igel sorgen dabei für Abwechslung und Motivation: Dem vorlauten und manchmal etwas zu schnellen Hasen können die Kinder helfen, wenn er mal wieder einen Fehler gemacht hat, die Tipps des pfiffigen Igels verweisen auf mögliche Fehlerquellen und geben wertvolle Hinweise. Nicht zuletzt bieten die beiden Figuren zahlreiche Anlässe für interessante und witzige Sachrechenaufgaben.

Dem ausführlichen Inhaltsverzeichnis auf der folgenden Doppelseite können Sie die Struktur des vorliegenden Bandes entnehmen. Kernstück sind rund 100 ansprechend gestaltete Kopiervorlagen für die Hand der Schülerinnen und Schüler, die sich in sechs thematische Schwerpunkte gliedern und ohne Aufwand und lange Vorbereitungszeit im Unterricht einsetzbar sind. Jeder Schwerpunkt wird durch einen Lehrerteil eingeleitet, der Erläuterungen zum Einsatz der Kopiervorlagen, Lösungen und weitere praxiserprobte Ideen zur Unterrichtsgestaltung bietet. Auch spielerische Übungsformen sowie handelndes Erforschen und Entdecken kommen dabei nicht zu kurz. Eine schnelle und präzise Orientierung im Lehrerteil wird durch graue Kästen gesichert, in denen die Lerninhalte des jeweils folgenden Abschnitts zusammengefasst sind.

Die größte Motivation für ein Kind ist es, wenn es sagen kann: „Ich kann das!“ Deshalb bieten die Kopiervorlagen die Lerninhalte in sorgfältig überlegten, kleinen Lernschritten an. Es ist besser, Schwierigkeiten frühzeitig zu sehen und auszuräumen, als sie später mühsam beheben zu müssen. Daher zielt die einfache und klare Darstellung auf weitgehend selbstständiges Verstehen und Üben ab. Viele Kopiervorlagen können auch als Hausaufgabe oder in der Freiarbeit eingesetzt werden. Die Tipps zum Rechnen regen nicht nur die Kinder zur konsequenten Umsetzung des Gelernten an, sondern zeigen auch Eltern, Förder- und Nachhilfelehrern genau, was und wie es gelernt wurde. Zugleich werden den Kindern bestimmte Lernstrategien (Stichwort: „Lernen lernen“) nahegelegt.

Praktische Tipps für Ihren Unterricht

• Differenzierung

Die letzten Aufgaben auf den Kopiervorlagen eignen sich oft als Zusatzangebot für „schnelle Rechenhasen“ oder „schlaue Rechenigel“. Um Ihrer Unterrichtsgestaltung und Klassensituation nicht vorzugreifen, wurde jedoch darauf verzichtet, diese Aufgaben ausdrücklich als Differenzierungsangebot zu kennzeichnen. Weitere Zusatzangebote können Sie in zwei Schachteln auslegen oder in zwei großen Umschlägen an die Pinnwand hängen. In einer Schachtel (oder einem Umschlag) sind Blätter mit leichten Aufgaben, in der anderen Blätter mit schwierigen Aufgaben.

• Flexible Differenzierung

Nach einer möglichst kurzen Erklärung von Ihnen arbeiten die Kinder für sich. Wer nicht weiterweiß, meldet sich. Mit diesen Kindern arbeiten Sie gemeinsam am konkreten Modell, an der Tafel oder auf einer Folie, während die anderen still weiterarbeiten. Wer wieder alleine zurechtkommt, kann sich jederzeit von der „Lehrergruppe“ lösen.

• Gegenseitiges Helfen und der Hilfestein

Wenn ein Kind nicht weiterkommt, kann es seinen Nachbarn flüsternd fragen, aber keinesfalls von ihm abschreiben. Erklären Sie den Kindern diese Maßnahme. Kommt es trotzdem nicht voran, legt das Kind einen Hilfestein auf seinen Tisch. Halten Sie dazu einige Kieselsteine in einer Schachtel bereit. Kinder, die ihre Arbeit beendet haben, gehen in der Klasse herum und helfen an einem sonst nicht genutzten Tisch einem Kind, das Hilfe braucht.

• Formales

Ein ordentlicher Arbeitsplatz trägt zur Konzentration bei. Das in der Mitte liegende, zusammengeklappte Mäppchen bewirkt von selbst, dass die Kinder auseinanderrücken und für sich arbeiten.

Und nun: Ihnen und Ihrer Klasse viel Spaß und Erfolg mit dem schnellen Hasen und dem schlauen Igel!

Inhalt

1. Die Zahlen bis 10

2. Rechnen bis 10

3. Die Zahlen bis 20

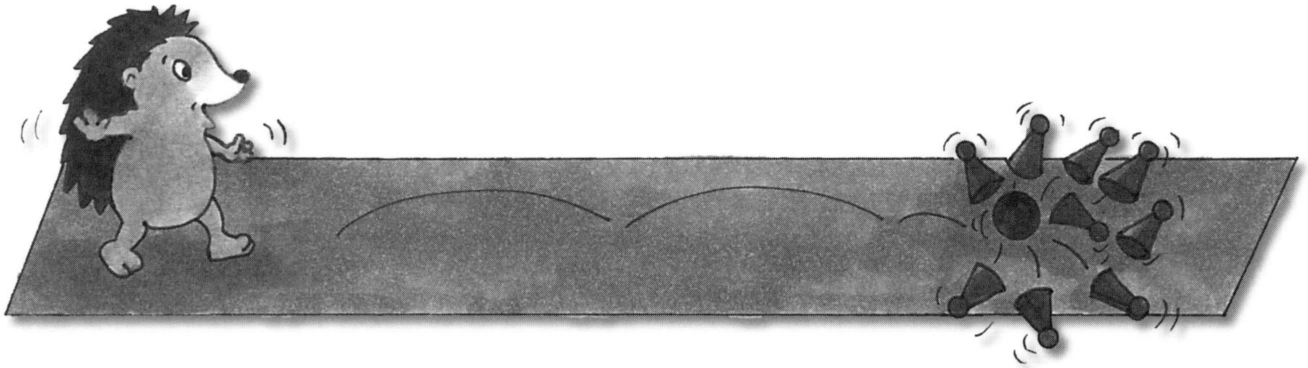

4. Rechnen bis 20

5. Größen und Arbeit an Sachsituationen

6. Geometrie

1. Kapitel: Die Zahlen bis 10

Vorbemerkung

Gerade zum Schulanfang sind Kinder sehr motiviert sich mit Zahlen zu beschäftigen. Dieses Interesse kann in den ersten Wochen beim Erkunden der neuen Umgebung genutzt werden, indem die Schüler zahlreiche Zählübungen sowohl im Schulhaus als auch im Klassenzimmer an verschiedensten Dingen durchführen. Hier können die Kinder ihre bereits vorhandenen Kenntnisse einbringen und zugleich weitere Erfahrungen mit dem Zählen sammeln.

Ein erster Schwerpunkt des Anfangsunterrichts im Fach Mathematik ist das systematische Kennenlernen der Ziffern und ihrer Schreibweisen. Gleichzeitig wird mithilfe abwechslungsreicher konkreter Materialien eine sichere Zahlvorstellung im Zahlenraum bis 10 aufgebaut. Dabei werden die Kinder bereits mit grundlegenden fachspezifischen Arbeitsweisen und -techniken vertraut gemacht.

Hinweise zu den Kopiervorlagen

Lerninhalte

- Entdecken von Zahlen in der Umwelt
- Bilden von Mengen und deren Darstellung durch grafische Zeichen
- Einprägen von Zahlbildern
- Lesen und formgerechtes Schreiben von Ziffern bis 6
- Ermitteln und sicheres Erkennen von Anzahlen bis 6
- Zerlegen der Zahlen bis 6 auf verschiedene Weise
- Notieren der Zerlegung mit dem Pluszeichen

KV Seite 12

Kannst du besser zählen als der Hase?

Der obere Teil der Kopiervorlage dient – auf Folie kopiert – als motivierender Einstieg in das Thema „Zählen“. Die Kinder beschreiben die von den beiden Hauptfiguren dargestellte Situation: Der Hase versucht die Stacheln des Igels zu zählen. Lesen Sie das kurze Gedicht mehrmals vor und lassen Sie die Kinder allmählich mitsprechen. Sicherlich sind Ihre Schüler der Meinung, dass sie besser und weiter zählen können als der Hase, und dürfen dies anschließend auch zeigen (evtl. in Partnerarbeit), z. B.:

- Wie viele Kinder sind in unserer Klasse? Wie viele Jungen/Mädchen sind es? …
- Wie viele Tische/Stühle … sind in unserem Klassenzimmer? …
- Wie viele Stifte sind in meinem Mäppchen? …

Im Gespräch sollten verschiedene Strategien angesprochen werden, die verhindern, dass einzelne Personen/Gegenstände beim Zählen vergessen/übersehen oder aber doppelt gezählt werden: mit dem Finger darauf deuten/berühren, in einer Reihe aufstellen/hinlegen, beiseite legen …

Für die Bearbeitung der ersten Aufgabe benötigt jedes Kind einen Spielwürfel, außerdem sollte ein großer Spielwürfel zur Demonstration in der Klasse vorhanden sein. Die Schüler benennen der Reihe nach die Anzahl der Augenzahlen und zeigen sie an ihrem Spielwürfel. Zusätzlich strecken sie entsprechend viele Finger in die Höhe.

Für das Einrahmen der Würfelbilder sollten alle Schüler für jeweils eine Zahl dieselbe Farbe verwenden. Wenn Sie später im Unterricht farbige Rechenstäbe einsetzen, so sollten hier dieselben Farben zum Einsatz kommen.

Der jeweils aktuelle Würfel wird am besten gekennzeichnet, indem die Kinder ihren Würfel mit der entsprechenden Augenzahl nach oben danebenlegen. Nennen Sie bereits jetzt die Ordnungszahl und lassen Sie die Kinder die Sprechweise wiederholen, z. B.: „Der erste Würfel zeigt eine Drei. Ich rahme die Drei … (Farbe) ein.“

Dann lesen die Kinder die abgebildeten Zahlen, zeigen jeweils mit ihrem Würfel die richtige Augenzahl, strecken entsprechend viele Finger in die Höhe und rahmen jede Zahl mit der passenden Farbe ein.

Bei der dritten Aufgabe führen die Kinder schließlich Mengenvergleiche mittels Eins-zu-Eins-Zuordnungen durch und kreuzen die jeweils größere Menge an.

KV Seite 13

In der Schule

Die Zählübungen, die Sie mit den Kindern konkret durchgeführt haben, werden nun nochmals aufgegriffen. Bei der Bearbeitung der ersten Aufgabe ist es sinnvoll, wenn sich die Kinder nur das jeweils aktuelle Bild ansehen und die übrigen Bilder abdecken. Die Anzahl der abgebildeten Kinder wird nun durch Striche repräsentiert. Dabei verbalisieren die Schüler ihre Handlung: „Auf dem ersten Bild sind zwei Kinder. Ich male zwei Striche.“

Das Ausmalen der Bilder dient im Anfangsunterricht dazu, den sachgerechten Umgang mit Farbstiften einzuüben und auf das Färben unter Beachtung der Begrenzungslinien vorzubereiten. Die gleiche Färbung innerhalb eines Bildes soll gleichzeitig die Anzahl hervorheben.

Die Eins-zu-Eins-Zuordnung bei der dritten Aufgabe soll nicht beliebig, sondern aufgrund eines bestimmten Merkmals erfolgen. Das Vergleichen der unterschiedlich großen Bilder erfordert von den Kindern genaues Betrachten und Konzentration.

KV Seite 14–19

Die Zahlen von 1 bis 6

Alle Kopiervorlagen zur Erarbeitung der Ziffern und ihrer Schreibweise sind nach demselben Muster aufgebaut. Auf diese Weise können die Kinder einmal erlernte Arbeitstechniken regelmäßig üben und im Laufe der Zeit selbstständig anwenden. Die folgenden Übungen können für alle Ziffern analog verwendet werden.

Erlernen der Ziffern

Auf jeder Kopiervorlage wird die zu erlernende Zahl zunächst im Situationszusammenhang mit einem passenden Vers vorgestellt.

Als Nächstes wird die Schreibweise der Ziffer mit ihrem Bewegungsablauf vorgeführt und erklärt. Zeichnen Sie die jeweilige Ziffer dazu groß an die Tafel und lassen Sie die Kinder beschreiben, welche Bewegungen Sie ausführen. Anschließend wird an der Tafel der Anfangspunkt grün (Signal: Los!) markiert. „Spitze Stellen" der Ziffernformen (z. B. die Spitze der 1, die linke Spitze der 2) sollten als Haltepunkte rot (Signal: Stopp!) markiert werden und die Kinder daran erinnern, an dieser Stelle deutlich zu schreiben und in der Schreibbewegung kurz innezuhalten.

Für die Beschreibung der einzelnen Schreibbewegungen ist die sichere Verwendung der Lagebezeichnungen (oben, unten, links, rechts) erforderlich, die im Alltag und im Sportunterricht ständig geübt und vertieft werden sollten. Kurze Merksätze zum Mitsprechen begleiten den Bewegungsablauf und helfen den Kindern, diesen zu verinnerlichen. Für die Haltepunkte sollte dabei ein „stopp" eingefügt werden.

Mögliche Merksätze:

1: Schräg hinauf. Stopp. Gerade hinunter.
2: Großer Bogen. Stopp. Unten Strich nach rechts.
3: Kleiner Bogen oben. Stopp. Kleiner Bogen unten.
4: Schräg hinunter. Stopp. Strich nach rechts. Strich.
5: Hinunter. Stopp. Kleiner Bogen. Oben Strich nach rechts.
6: Großer Bogen und mit Schwung den Kreis nach links schließen.

Die Kinder schreiben die neu erlernte Ziffer zunächst mehrmals mit dem Finger in die Luft, dann großformatig auf DIN-A4-Papier. Schließlich bearbeiten die Schüler die Kopiervorlage, auf der die Pfeile in den Zahlen nochmals die Richtung und die Reihenfolge der Schreibbewegungen vorgeben.

Die Schüler spuren die Ziffernform auf der Kopiervorlage nach. Achten Sie darauf, dass die Schüler die Ziffernformen wirklich nachspuren und nicht ausmalen! Wem dies bereits gut gelingt, der schreibt die Ziffer zunehmend kleiner und setzt die begonnenen Ziffernleisten fort.

Weiterführende Vorschläge

- Die Kinder legen die Form der neuen Ziffer aus verschiedenen Materialien nach, z. B. mit Wollfäden, Glasmuggelsteinen, Sand oder kleinen Steinen.
- Die Ziffernformen werden aus Karton ausgeschnitten und in eine Schachtel oder einen Stoffbeutel gelegt. Die Kinder greifen blind hinein, nehmen eine beliebige Ziffernform und ertasten, um welche Form es sich handelt. Alternativ finden die Schüler eine vorgegebene Ziffernform durch Tasten aus allen Formen heraus und nehmen sie zur Kontrolle aus der Schachtel/dem Beutel.
- Ein Kind „schreibt" mit dem Zeigefinger eine Ziffer auf die Tischplatte. Der Partner soll die Ziffer erkennen und sie nennen. Gerne „schreiben" die Kinder auch die Ziffer verdeckt in die Handfläche oder auf den Rücken des Partners, die dieser dann jeweils erraten soll.
- Weitere vielfältige Möglichkeiten zum Üben der Ziffern erhalten die Kinder, indem sie mit verschiedenen Schreibmaterialien (z. B. Straßenkreide, dicke und dünne Buntstifte, Holzstöckchen) auf Untergründe unterschiedlicher Art und Größe (Schulhof, Sandkasten, Wachstäfelchen, Tapete, Zeitungspapier, DIN-A4-Papier, Schulheft) schreiben. Dabei sollte die Größe der Ziffern allmählich immer kleiner werden.
- Das Schreiben der Ziffer in ein Kästchen Karopapier mit der üblichen Seitenlänge von 7 Millimeter gelingt nicht allen Schülern gleich schnell. Kinder, die damit noch Probleme haben, rahmen deshalb vorerst jeweils vier Kästchen ein und schreiben die Ziffer in dieses große Kästchen. Diese Schreibweise wird individuell so lange beibehalten, bis es den Kindern gelingt, kleiner zu schreiben. Um das Schreiben „schlanker" Ziffern zu fördern, können die Kinder dann zwei Kästchen hoch schreiben oder alternativ Hefte mit „hohen" Kästchen verwenden.

Würfelhäuser

Die sogenannten Würfelhäuser, bei denen es sich um Kombinationen von Einheitswürfeln handelt, bereiten gut auf das spätere Zerlegen von Zahlen vor, indem sie mögliche Zahlstrukturen deutlich aufzeigen. Zugleich fördern sie nachhaltig die Raumvorstellung und die Kreativität.

Als Bauprinzip für Würfelhäuser gilt, dass je zwei aneinanderstoßende Würfel eine gemeinsame Fläche haben. Die Würfel können in einer Ebene liegen oder auf mehrere „Stockwerke"

verteilt sein, wodurch sich eine Vielzahl von Kombinationsmöglichkeiten ergibt. Bei den Würfelhäusern handelt es sich um dreidimensionale Körper, deren räumliche Darstellung als Schrägbild in Parallelperspektive erfolgt. Das Verstehen solcher Darstellungen ist eine grundlegend wichtige raumgeometrische Fähigkeit. Nach und nach können die Kinder auch die nicht sichtbaren bzw. „versteckten“ Würfel dieser Körper erkennen.

„Fünflinge“

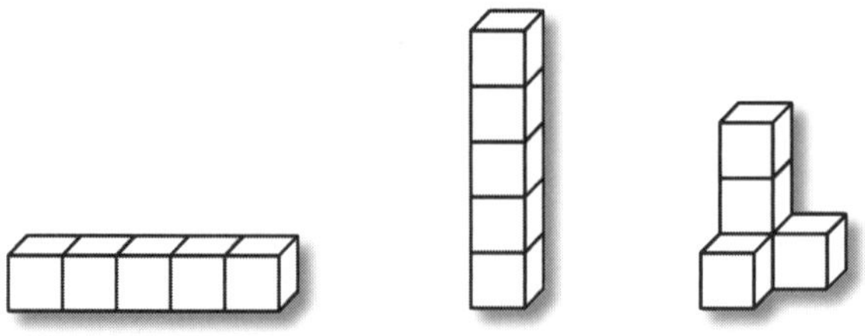

Weiterführende Vorschläge

- Die Kinder bauen die Würfelhäuser mit Einheitswürfeln oder Steckwürfeln nach und finden zu jeder Zahl weitere, nicht abgebildete Häuser. Beim Beschreiben ihrer Häuser verwenden sie die Lagebegriffe, z. B. bei „Zweierhäusern“ (oder „Zwillingen“): „Ein Würfel ist links, einer rechts.“ – „Ein Würfel ist oben, einer unten.“ – „Ein Würfel ist vorne, einer hinten.“ Bei jeder neuen Zahl (Drillinge, Vierlinge, Fünflinge …) werden alle abgebildeten Würfelhäuser genau beschrieben.

- Die Kinder malen auf der Kopiervorlage einzelne Würfel nach Ihrer Anweisung aus, z. B.: „Male beim ersten Würfelhaus den Würfel oben gelb aus. Male den Würfel rechts unten grün aus.“ Verwenden Sie dabei am besten für jeden Lagebegriff eine feste Farbe, mit dem die Kinder Assoziationen verbinden können, z. B.: Grün für „links“ (Das grüne Ampellicht signalisiert „Los.“ Beim Schreiben und Lesen wird links begonnen.), analog Rot für „rechts“ („Stopp.“), Gelb für „oben“ (Die Sonne sehen wir oben am Himmel.), Blau für „unten“ (Das Wasser im See befindet sich unten.)
- Stellen Sie zu jeder Zahl ein Wandplakat mit einigen gut unterscheidbaren Würfelhäusern her, zu denen anfangs Sie, später die Kinder Suchrätsel stellen. Zum Beispiel: „Drei Würfel sind unten, zwei oben. Wo ist mein Haus?“ Oder: „Mein Haus hat drei gleiche Stockwerke. In jedem Stockwerk sind zwei Würfel.“ Wer das richtige Würfelhaus zeigt, stellt das nächste Rätsel.

Mengen mit Punkten und Strichen darstellen

Die Kinder lernen zwei bildhafte Darstellungsweisen für Mengen kennen und zeichnen sie:

- Punktbilder eignen sich gut für die Zahlen von 1 bis 6, da sie nahezu allen Kindern von den Augenzahlen auf Spielwürfeln bekannt sind.
- Bei der Strichdarstellung ist zu beachten, dass der jeweils fünfte Strich zur besseren Übersicht als gerader oder leicht schräger Querstrich durch die vier bereits vorhandenen Striche gezogen wird. Diese Fünfergliederung soll die Kinder weg von der zählenden Zahlerfassung und hin zum simultanen Erfassen führen. Es empfiehlt sich, dass die Kinder die Fünferdarstellung auch in ihrem Heft üben.

Die Darstellungsform mit Strichen wird auch als Hilfsmittel zum Festhalten von Zählergebnissen verwendet. Mithilfe dieser sogenannten Strichliste ist der Vergleich zweier Ergebnisse schnell und einfach möglich.

Weiterführende Vorschläge

- Zum schnellen Erfassen von Mengen zeigen Sie an einem großen Würfel im schnellen Wechsel verschiedene Augenzahlen, die die Kinder benennen.
- Hängen Sie im Klassenzimmer zu jeder Zahl bis 10 (später auch bis 20) ein Plakat mit Zahlbild und geordneten Mengen auf (Punktbild, Strichdarstellung). Stellen Sie Fragen, die die Kinder zum schnellen Lesen der entsprechenden Zahlen auffordern: „Welche Zahl hängt nach der Eins/vor der Fünf?“ …
- Zum Sichern der Zahlen von 1 bis 6 spielt die Klasse „Mein rechter, rechter Platz ist frei“. Dafür erhält jedes Kind eine Karte mit einer anderen Augenzahl. Um ausreichend viele Karten zu erhalten, kopieren Sie die Würfelbilder mehrmals auf verschiedenfarbiges Papier. Die Kinder bilden auf Teppichfliesen oder Stühlen einen Sitzkreis, in dem ein Platz überzählig ist. Setzen Sie sich zur Einführung so in den Kreis, dass der rechte Platz neben Ihnen leer ist, und geben Sie folgendes Sprechmuster vor: „Mein rechter, rechter Platz ist frei, ich wünsche mir die grüne (rote, gelbe …) Vier (Eins, Zwei …) herbei.“ Das Kind mit der entsprechenden Karte wechselt auf den freien Platz. Als Nächstes ist das Kind, das links des frei gewordenen Platzes

sitzt, an der Reihe. Damit nicht mehrmals die gleichen Kinder „herbeigewünscht“ werden, geben die Kinder beim Platzwechsel ihre Karte ab.

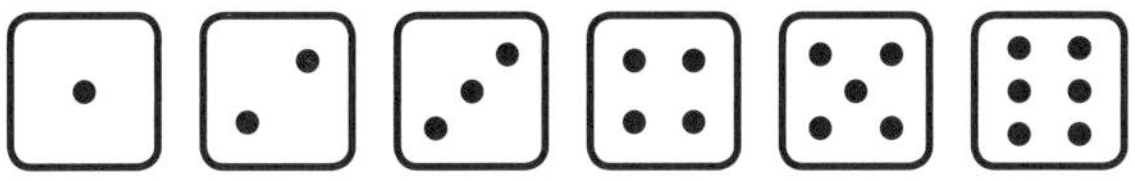

Muster

Im Gegensatz zu den Würfelhäusern handelt es sich bei Mustern um zweidimensionale Flächen. Auch hier gilt die Regel, dass je zwei aneinanderstoßende Flächen eine gemeinsame Seite haben müssen. Bei den Zahlen 1 und 2 malen die Kinder je 1 bzw. 2 Kästchen in einer anderen Farbe aus. Bei den Zahlen 3 bis 5 lernen die Schüler passende Dreier-, Vierer- und Fünfermuster kennen, die sie weitermalen. Zur Zahl 6 finden sie selbstständig Muster. Beim Färben der Kästchen achten die Kinder darauf, die Begrenzungslinien einzuhalten.

Weiterführende Vorschläge

- Bei der Einführung der Ziffern sollten die Kinder vielfältige Möglichkeiten erhalten, die Zahlen „mit allen Sinnen“ wahrzunehmen und auf diese Weise zu verinnerlichen. Vorschläge:
  - Übungen zum Sehen: konkrete Gegenstände in der entsprechenden Anzahl finden oder selbst legen, Blinken mit der Taschenlampe …
  - Übungen zum Hören: Klopfen, Klatschen, Töne auf Musikinstrumenten, Steinchen auf den Boden fallen lassen …
  - Übungen zum Fühlen: blindes Ertasten einer Anzahl von Gegenständen (Perlen, Knöpfe, Büroklammern …) in einem Beutel, Ertasten von Karten mit Löchern oder Klebepunkten …
  - Übungen mit Bewegung: Schritte machen, den Ball auf den Boden prellen, sich zu Gruppen in der entsprechenden Anzahl zusammenfinden …
- Die Kinder zählen die Buchstaben ihrer Vornamen und ordnen anschließend ihre Namensschilder nach deren Buchstabenanzahl an der Tafel oder auf dem Fußboden in eine Tabelle:

3 Buchstaben	4 Buchstaben	5 Buchstaben	6 Buchstaben	mehr Buchstaben
Pia Lea …	Leon Anna …	Jonas Laura …	Annika Tobias …	Philipp Antonia …

- Der Lernbereich Geometrie sollte von Anfang an mit dem Erlernen der Ziffern verbunden werden. So bietet es sich an, bei der Zahl 3 die Betrachtung der Flächenform Dreieck (Seite 134) und bei der Zahl 4 die Betrachtung der Flächenform Viereck bzw. des Quadrats und des Rechtecks (Seite 135) einzuschieben.

KV Seite 20

Die Zahl 0

Das Besondere an der Zahl 0 ist, dass sie etwas beschreibt, das gar nicht vorhanden ist. Auch hier üben die Kinder die Schreibweise der neuen Ziffer. Möglicher Sprechvers zur Schreibweise: Großer Bogen nach unten und mit Schwung wieder nach oben.

Bei der ersten Aufgabe kreisen die Kinder die Tiere ein, die sich ohne Beine, also kriechend oder schwimmend, fortbewegen. Anschließend stellen sie die Anzahl der Möhren von 0 bis 6 fest und tragen die Zahl ein. Schließlich üben sie nochmals die Schreibweise der Ziffern von 1 bis 6.

Lösung

Aufgabe 1:
Schlange, Wurm und Fisch

Weiterführender Vorschlag

Als Querverbindung zum Lernbereich Geometrie bietet es sich bei der Zahl 0 an, die Formbetrachtung des Kreises (Seite 137) – eine Form mit 0 Ecken – einzuschieben.

KV Seite 21

Zahlenketten: Die Zahlen bis 6 zerlegen

Als vorbereitende Aufgabe für das additive Zerlegen von „Zahlenketten“ nach Farben malen die Kinder die Ketten der ersten Aufgabe wie folgt nach Ihrer Anweisung aus: „Male bei der ersten Kette die linke Perle rot aus, die mittlere und die rechte Perle blau. Male bei der zweiten Kette die linke und die mittlere Perle rot aus, die rechte blau. Male bei der dritten Kette die linke Perle blau aus, die mittlere rot und die rechte grün.“ Jetzt kann die Aufgabe gelöst werden.

Alle Ketten bestehen aus drei Perlen. Bei jeder Kette sind die Perlen anders gefärbt und angeordnet. Das Aussehen jeder Kette kann man kurz aufschreiben. So lautet z. B. die Aufgabe für die erste Kette: 1 plus 2. Die Kinder schreiben das neue Zeichen Plus („erst waagrechter Strich, dann senkrechter Strich“) mehrmals mit dem Finger groß in die Luft und sprechen dazu: „Plus.“

Erklären Sie den Schülern, dass – so wie Personen mehrere Namen (Nachname, Vorname, Kosename, Spitzname usw.) haben – auch jede Zahl mehrere „Namen“ hat: einen „kurzen Namen“ (z. B. 3), mehrere „lange Namen“ (z. B. 2 + 1 und 1 + 2) und auch „ganz lange Namen“ (1 + 1 + 1).

Pfiffige Kinder finden vielleicht auch noch die „Namen" 3 + 0 und 0 + 3. Alle Namen meinen die gleiche Zahl: 3 ist das Gleiche wie 2 + 1, 3 ist das Gleiche wie 1 + 1 + 1. Zerlegungen in mehr als drei Summanden sind nicht für alle Schüler verbindlich, für die meisten Kinder aber verständlich. Zugleich bereiten die „ganz langen Namen" gut auf das Rechnen in mehreren Schritten vor.

Bei der zweiten Aufgabe zerlegen die Kinder die Zahlen nach Farben. Dabei malen sie der „Färberegel" entsprechend immer die zuerst genannte Zahl als Erstes aus: Bei 3 + 1 werden also zuerst drei Perlen gleich gefärbt, dann noch eine Perle mit einer anderen Farbe. Für das Ausmalen verwenden die Kinder Buntstifte und achten darauf, die Begrenzungslinien einzuhalten.

Lösung

Aufgabe 1:

Die zweite Kette gefällt dem Hasen am besten.

Lerninhalte

- Einprägen von Zahlbildern
- Lesen und formgerechtes Schreiben der Ziffern bis 10
- Ermitteln und sicheres Erkennen von Anzahlen bis 10
- Üben der Simultanerfassung von Mengen mithilfe der Fünfergliederung
- Zerlegen der Zahlen bis 10 auf verschiedene Weise
- Notieren der Zerlegung mit dem Pluszeichen
- Ordnen der Zahlen bis 10 in einer Zahlreihe

KV Seite 22–29

Die Zahlen von 7 bis 10

Die Erarbeitung der Ziffern und ihrer Schreibweise sowie das Erfassen von Anzahlen wird für die Zahlen 7 bis 10 analog fortgesetzt. Bei der Darstellungsform der Punktbilder werden die Zahlen ab 7 jeweils mit einem Fünferpunktbild und weiteren Augen veranschaulicht.

Zusätzlich gibt es zu jeder neuen Zahl eine Kopiervorlage, auf der am Beispiel von Zahlenketten und Würfelhäusern das Zerlegen der Zahl geübt wird. Das Zerlegen unterstützt die Zahlbegriffsbildung und bereitet zugleich auf das spätere Addieren und Subtrahieren vor. Darüber hinaus wird das Schreiben der eingeführten Ziffern kontinuierlich wiederholt, damit die Kinder nach und nach an Formsicherheit gewinnen. Achten Sie zwar behutsam auf eine lesbare Schrift, doch seien Sie geduldig und entmutigen Sie die Kinder nicht durch zu viel Kritik.

Weiterführende Vorschläge

- Als Übung zum Hören und Schreiben von Zahlen legen die Kinder eine Telefonliste aller Schüler der Klasse an. Holen Sie dafür zuvor das mündliche oder schriftliche Einverständnis der Eltern (Elternabend, Elternbrief) ein. Der Reihe nach nennt jedes Kind seine Telefonnummer in einzelnen Ziffern, z. B. zwei – acht – drei … Die Mitschüler setzen das genannte Zahlwort in die entsprechende Zahl um und tragen es der Reihe nach in eine vorbereitete Namensliste ein. Hier wird den Kindern auch bewusst, dass es auf die richtige Reihenfolge ankommt. Zugleich wird bei dieser Übung die Konzentration gefördert.
- Als Arbeitsmaterial für Zahlzerlegungen in zwei Summanden im Zahlenraum bis 10 und als Vorübung für die Addition empfiehlt sich das Anfertigen einer „Schüttelkiste" aus einer Zündholzschachtel. Kleben Sie dafür – wie in der Skizze erkennbar – in die Mitte des Fachs einen Steg, der die Schachtel in zwei Hälften teilt. In die Schachtel werden in der gewünschten Anzahl Perlen oder Linsen gefüllt. Die Hülle wird darübergesteckt.

Die Schachtel wird nun geschüttelt, sodass sich die Perlen auf die beiden Hälften der Schachtel verteilen. Das Kind öffnet die Hülle und notiert nun alle möglichen Zahlzerlegungen. Später kann das Kind die Schachtel nur zur Hälfte öffnen und „voraussagen", wie viele Perlen sich auf der anderen Seite befinden.

KV Seite 30

Die Zahlen bis 10

Diese Kopiervorlage fasst alle bisher gelernten Zahlen nochmals zusammen. Die Kinder verbinden die Würfelhäuser entsprechend der Anzahl ihrer Würfel in der richtigen Reihenfolge. Gegebenenfalls können sie die Zahlenformen noch dazuschreiben.

Bei der zweiten Aufgabe wird die Zerlegung in drei Summanden trainiert. Sie ist deshalb besonders für gute Rechner geeignet.

Lösung

Aufgabe 2:

(7)	(8)	(9)	(10)
4 + 2 + 1	5 + 2 + 1	5 + 3 + 1	5 + 2 + 3
2 + 3 + 2	4 + 3 + 1	4 + 3 + 2	4 + 3 + 3
3 + 3 + 1	3 + 3 + 2	3 + 3 + 3	3 + 3 + 4
1 + 3 + 3	4 + 2 + 2	2 + 3 + 4	6 + 3 + 1
5 + 1 + 1	5 + 1 + 2	1 + 3 + 5	7 + 2 + 1
2 + 2 + 3	6 + 1 + 1	4 + 2 + 3	5 + 4 + 1
4 + 1 + 2	4 + 4 + 0	4 + 1 + 4	1 + 3 + 6

Lerninhalte

- Richtiges Anwenden der Begriffe „gleich groß, größer als, kleiner als – gleich viele, mehr als, weniger als“ beim Größen- und Mengenvergleich
- Vergleichen von Zahlen mit den Zeichen <, >, =
- Ordnen der Zahlen bis 10 in einer Zahlreihe
- Benennen kleiner und großer Nachbarzahlen
- Mündlicher Gebrauch der Ordnungszahlen

KV Seite 31/32

Gleich viele? Größer oder kleiner?

Vergleichen Sie als Vorarbeit zu diesen beiden Kopiervorlagen zunächst die Größe von konkreten Gegenständen, z. B. zwei Bücher oder zwei Stofftiere. Verwenden Sie zum Größenvergleich zwei Turnstäbe, die Sie bei gleicher Größe der Gegenstände parallel halten oder bei verschiedener Größe schräg. Auf diese Weise können Sie die Bedeutung der Zeichen anschaulich einführen.

Anschließend legen die Kinder zwei Gegenstände auf den Tisch, vergleichen ihre Größe und formen das entsprechende Zeichen =, > oder < mit zwei Stiften. Lassen Sie diesen Vergleich mit anderen Gegenständen mehrmals wiederholen.

Für den Hefteintrag ist es empfehlenswert, dass die Kinder für die Zeichen < und > von Anfang an verschiedene Farben verwenden, da dies die Korrektur der Aufgaben erheblich erleichtert.

Lösung Seite 31

7 = 7; 6 < 8
8 > 7; 8 = 8
9 = 9; 10 > 9

Lösung Seite 32

Aufgabe 1:

6 > 5; 3 < 4; 8 > 7
8 < 10; 7 > 6; 9 < 10

Aufgabe 2:

Fehler: 9 < 8

KV Seite 33

Nachbarzahlen

Stellen Sie zusammen mit den Kindern zehn Stühle nebeneinander in einer Reihe auf und heften Sie an jeden Stuhl ein Schild mit einer Zahl: Der erste Stuhl bekommt die Nummer 1 usw. Bitten Sie nun einige Kinder sich jeweils auf einen bestimmten Stuhl zu setzen: „(Name), setz dich bitte auf den Stuhl Nummer 5.“

Die anderen Kinder beschreiben dann: Welche Stühle sind besetzt? Welche Stühle sind frei? Wer sitzt auf Stuhl 5? Welche Nachbarn hat das Kind auf Stuhl 5? Welche Nachbarn hat die Zahl 5? Dabei werden die Begriffe „vor“ und „nach“ an mehreren Beispielen anschaulich geklärt. Im Anschluss daran wird die Kopiervorlage bearbeitet.

KV Seite 34

Ordnungszahlen

Lassen Sie die Schüler anschaulich erfahren, worin der Unterschied zwischen der Kardinal- und der Ordinalzahl liegt: Fünf gestreckte Finger zeigen die Menge 5. Der fünfte Finger einer Hand ist nur ein bestimmter Finger, und zwar der kleine Finger. Erklären Sie, dass die Ordnungszahlen eine bestimmte Stelle in einer Reihe beschreiben und mit einem Punkt hinter der Zahl geschrieben werden. Schreiben Sie den Punkt an der Tafel anfangs übertrieben groß, damit die Kinder darauf aufmerksam werden.

Bei der ersten Aufgabe auf der Kopiervorlage erzählen die Kinder zum Bild, z. B.: Das Hochhaus hat zehn Stockwerke. Der Hase ist im 10. Stock, der Igel im 6. Stock. In jedem Stockwerk sind verschieden viele Fenster: Im 1. Stock gibt es drei Fenster, im 2. Stock … Der Ordinalzahl entsprechend malen die Kinder bei der zweiten Aufgabe jeweils nur ein Kästchen aus, z. B. das 6. Kästchen.

Name:

Kannst du besser zählen als der Hase?

Der Hase zählt voller Entzücken
die Igelstacheln auf dem Rücken.

Doch er kommt zu keinem Ziele,
zählt nur eins, zwei, drei und – viele!

**1. Wie viele Augen sind auf jedem Würfel?
Rahme jeden Würfel mit einer anderen Farbe ein.**

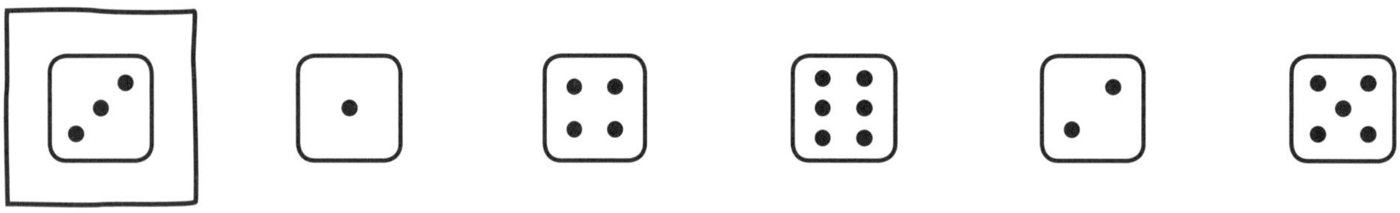

**2. Wie heißen diese Zahlen? Rahme sie farbig ein.
Jede Zahl soll die gleiche Farbe wie der passende Würfel haben.**

1	2	3	4	5	6

3. Sind es mehr Möhren oder mehr Äpfel? Vergleiche und kreuze an.

Name:

In der Schule

1. Wie viele Kinder sind es?
Male unter jedes Bild genauso viele Striche.

||

2. Die Kinder auf einem Bild haben immer Kleidung in der gleichen Farbe an.
Male aus.

3. Gib jedem Kind seine Schultasche.
Verbinde. Nimm für jeden Strich eine andere Farbe.

Name:

Die Zahl 1

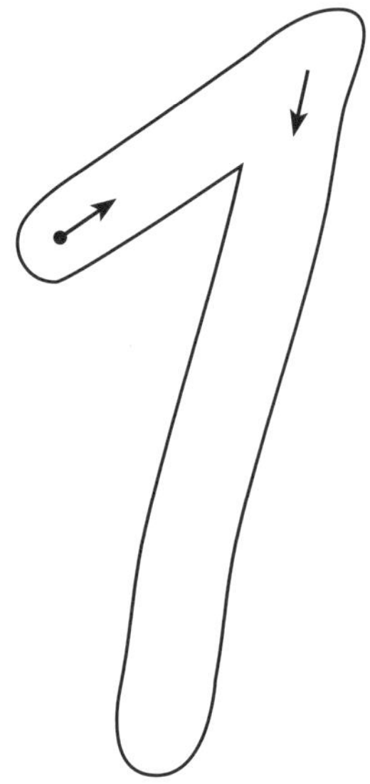

1. Es soll immer nur ein Würfel sein. Drei Bilder sind falsch. Streiche sie durch.

2. Ergänze.

1	·	1							

1	1	1							

3. Male jedes Kästchen in einer anderen Farbe aus.

Name:

Die Zahl 2

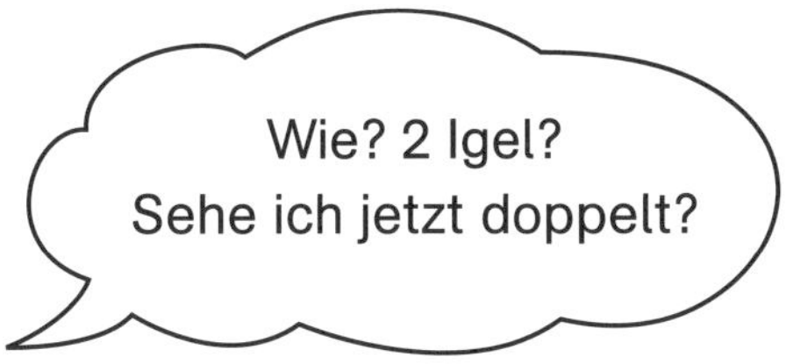

1. Es sollen immer 2 Würfel sein. Drei Bilder sind falsch. Streiche sie durch.

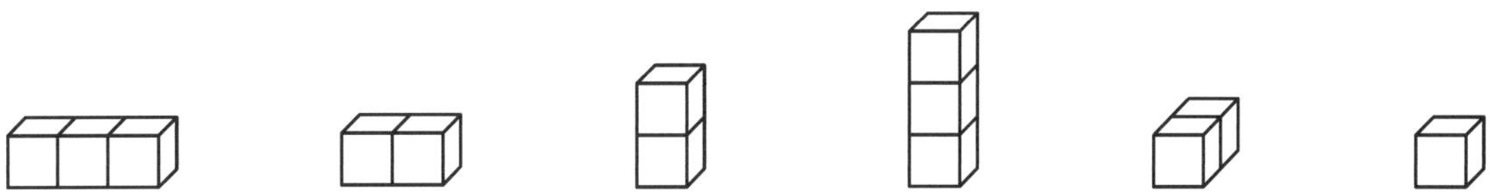

2. Ergänze.

2	:	2							

ǁ	2	ǁ							

3. Male immer zwei Kästchen in einer anderen Farbe aus.

Name:

Die Zahl 3

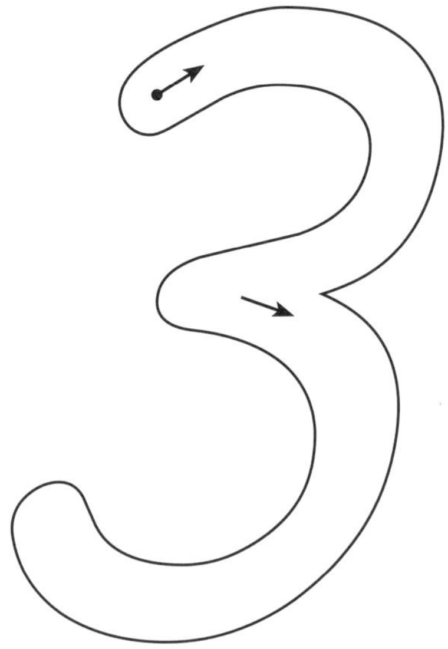

**1. Es sollen immer 3 Würfel sein.
Ein Bild ist falsch. Streiche es durch.**

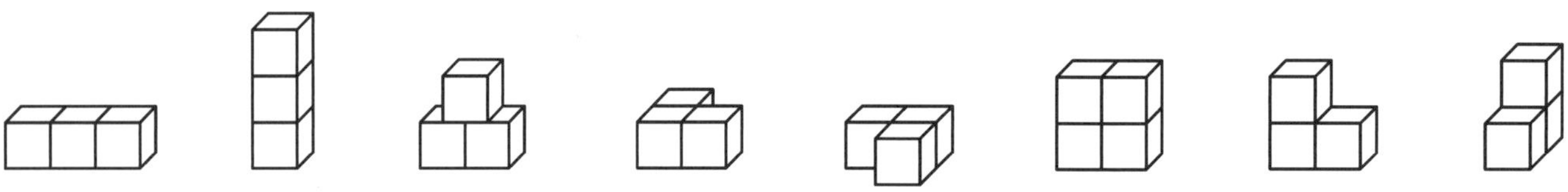

2. Ergänze.

3	:	3							

III	3	III							

3. Male die Muster weiter.

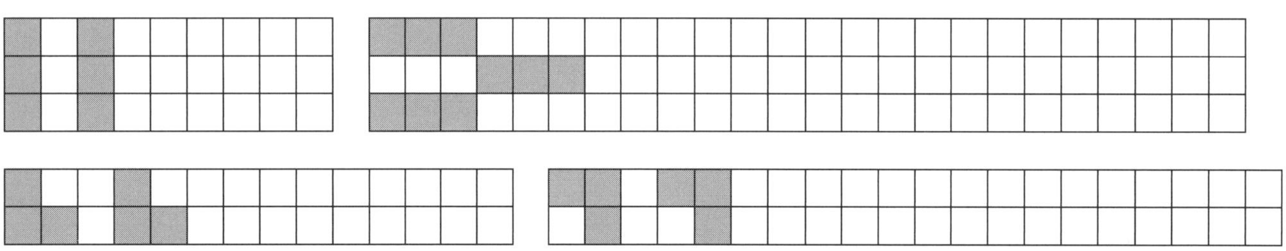

Name:

Die Zahl 4

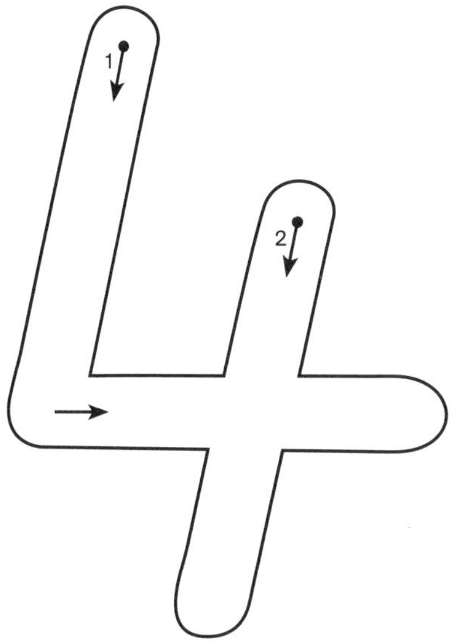

1. Es sollen immer 4 Würfel sein.
Ein Bild ist falsch. Streiche es durch.

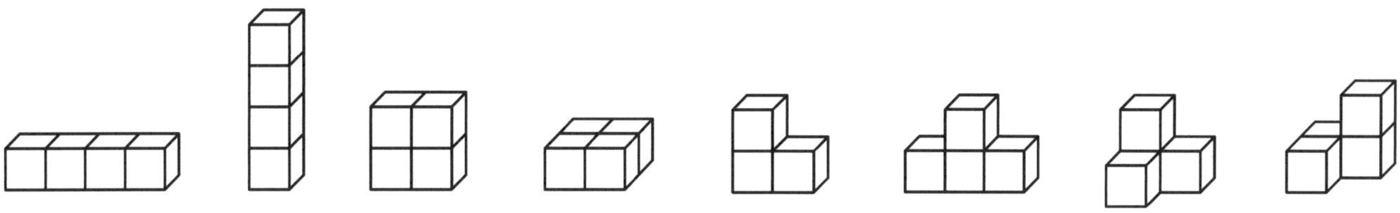

2. Ergänze.

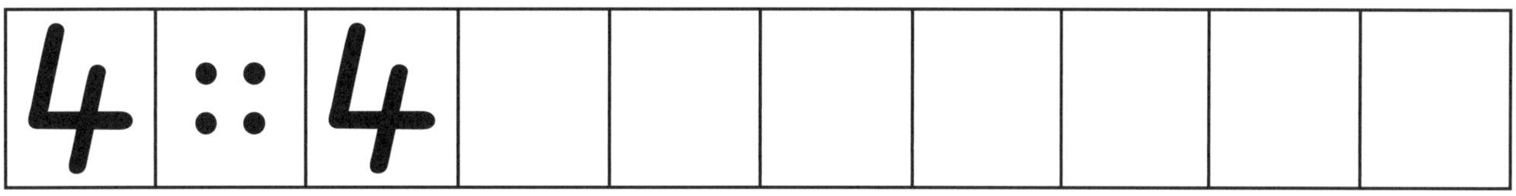

3. Male die Muster weiter.

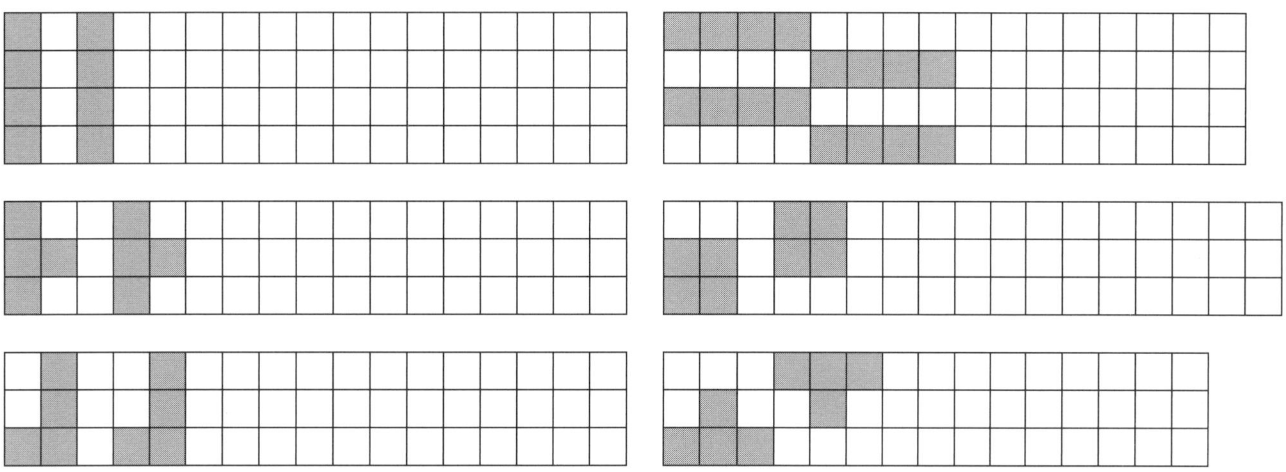

Name:

Die Zahl 5

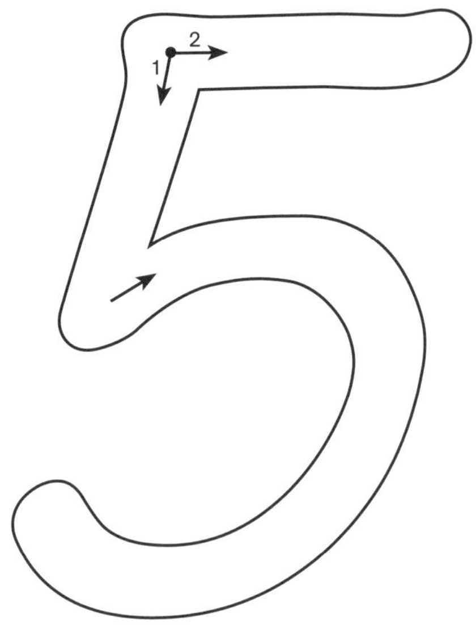

1. Es sollen immer 5 Würfel sein.
Ein Bild ist falsch. Streiche es durch.

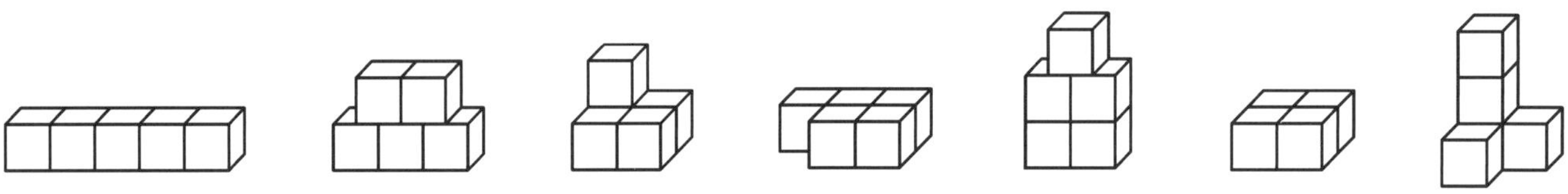

2. Ergänze.

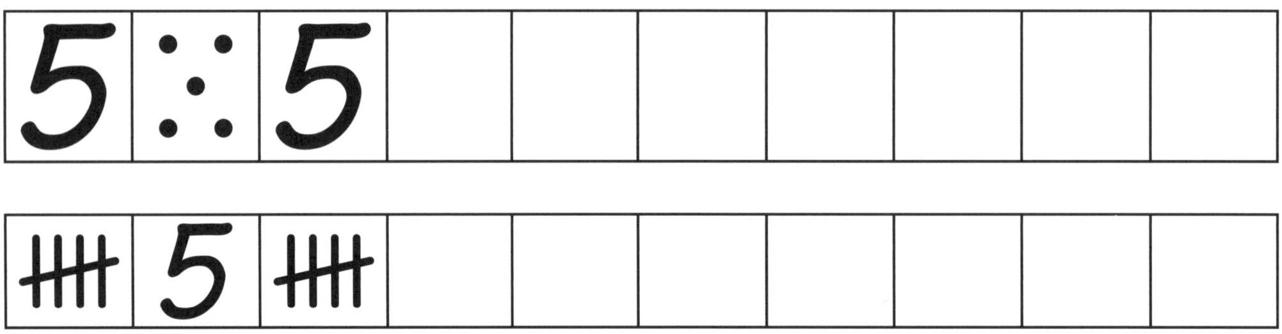

3. Male die Muster weiter.

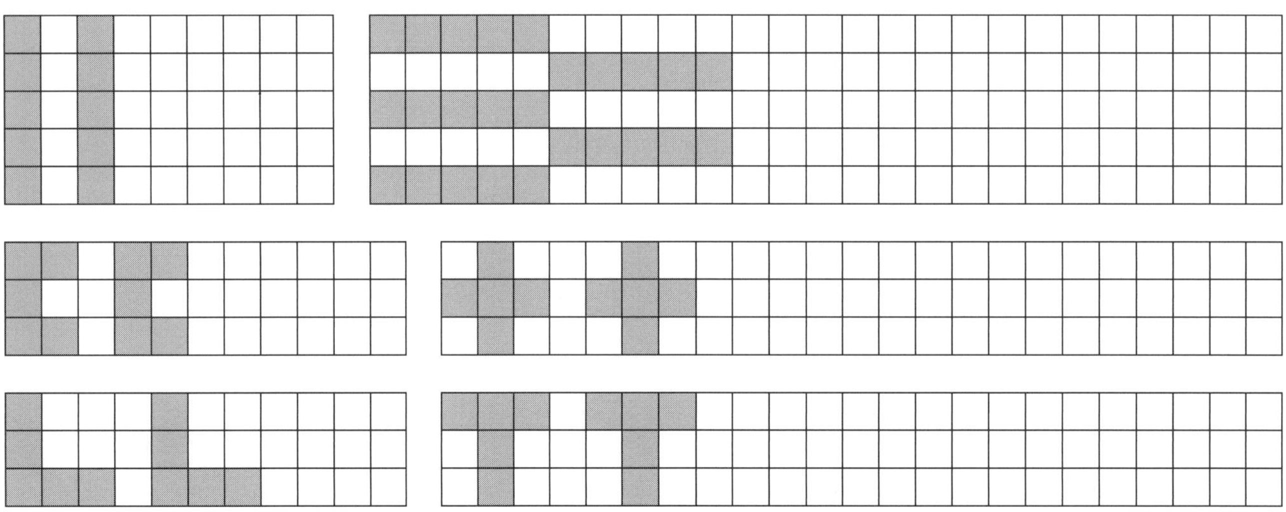

Name:

Die Zahl 6

**1. Es sollen immer 6 Würfel sein.
Ein Bild ist falsch. Streiche es durch.**

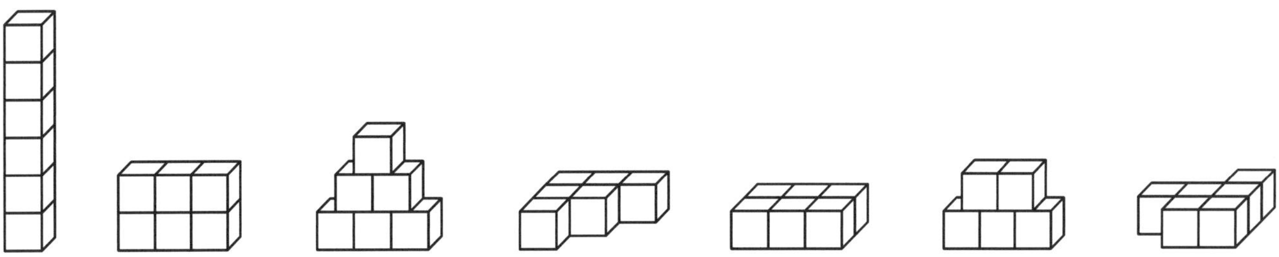

2. Ergänze.

6	• • • • • •	6							

𝍸 I	6	𝍸 I					

3. Es sollen immer 6 sein. Male Muster.

Name:

Die Zahl 0

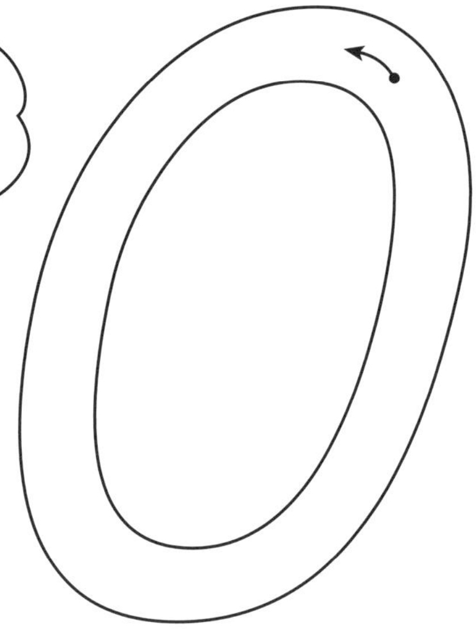

1. Welche drei Tiere haben 0 Beine? Kreise sie ein.

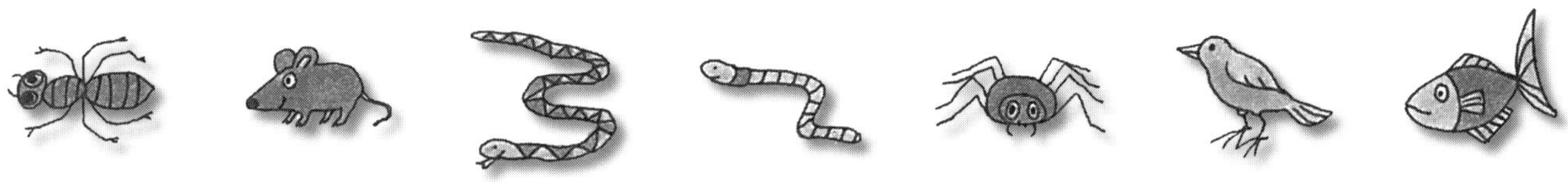

2. Ergänze.

0	0								

3. Wie viele Möhren sind es? Schreibe unter jedes Bild die richtige Zahl.

☐ ☐ ☐ ☐ ☐ ☐ ☐

4. Schreibe schöne Zahlen.

1					1
2					2
3					3

4					4
5					5
6					6

Name:

Zahlenketten: Die Zahlen bis 6 zerlegen

Welche Kette gefällt dir am besten?

Die mit den zwei roten Perlen und der blauen.

1. Rahme die Kette ein, die der Hase meint.

1 und 2	2 und 1	1 und 1 und 1
1 + 2	2 + 1	1 + 1 + 1

2. Male die Perlen so aus, dass sie zu den Zahlen passen.

Immer 4!	Immer 5!	Immer 6!
3 + 1	4 + 1	5 + 1
1 + 3	3 + 2	4 + 2
2 + 2	2 + 3	3 + 3
1 + 1 + 1 + 1	1 + 4	2 + 4
	1 + 1 + 1 + 1 + 1	1 + 5
		2 + 2 + 2
		1 + 1 + 1 + 1 + 1 + 1

Name:

Die Zahl 7

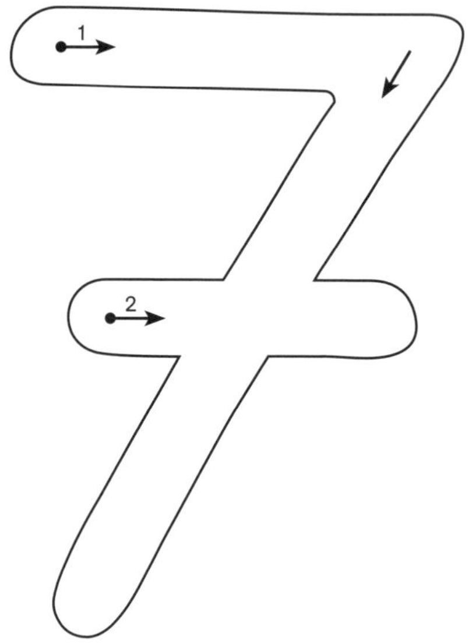

1. Es sollen immer 7 Würfel sein.
Ein Bild ist falsch. Streiche es durch.

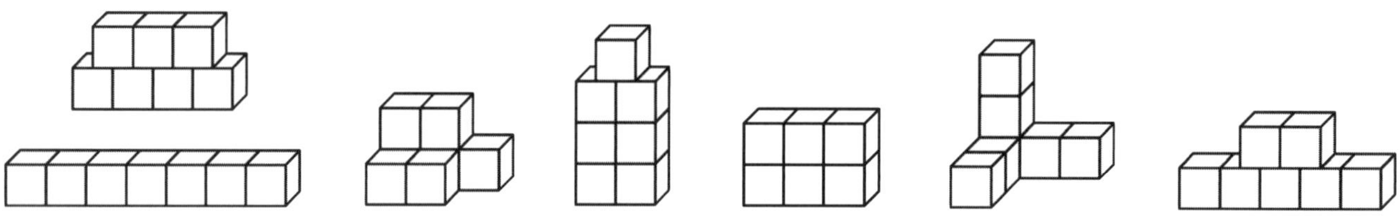

2. Ergänze.

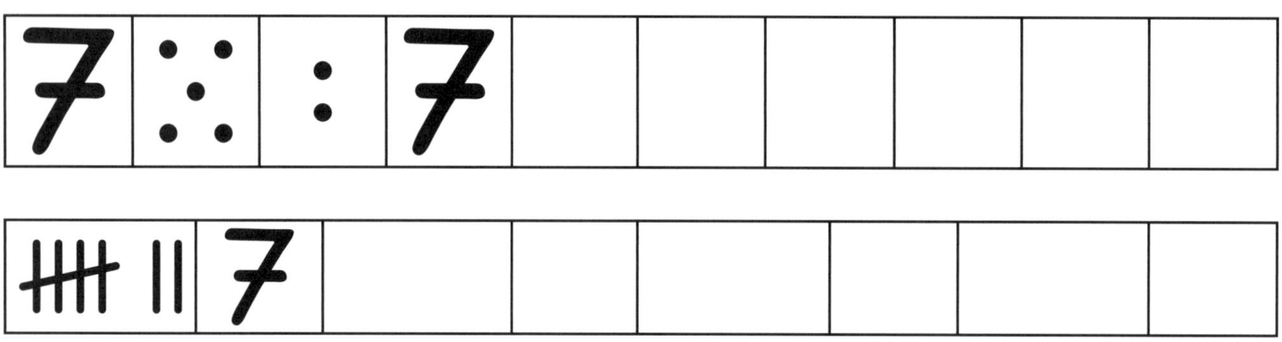

3. Es sollen immer 7 sein. Male Muster.

Name:

Zerlegen der Zahl 7

1. Male die Perlen so aus, dass sie zu den Zahlen passen.

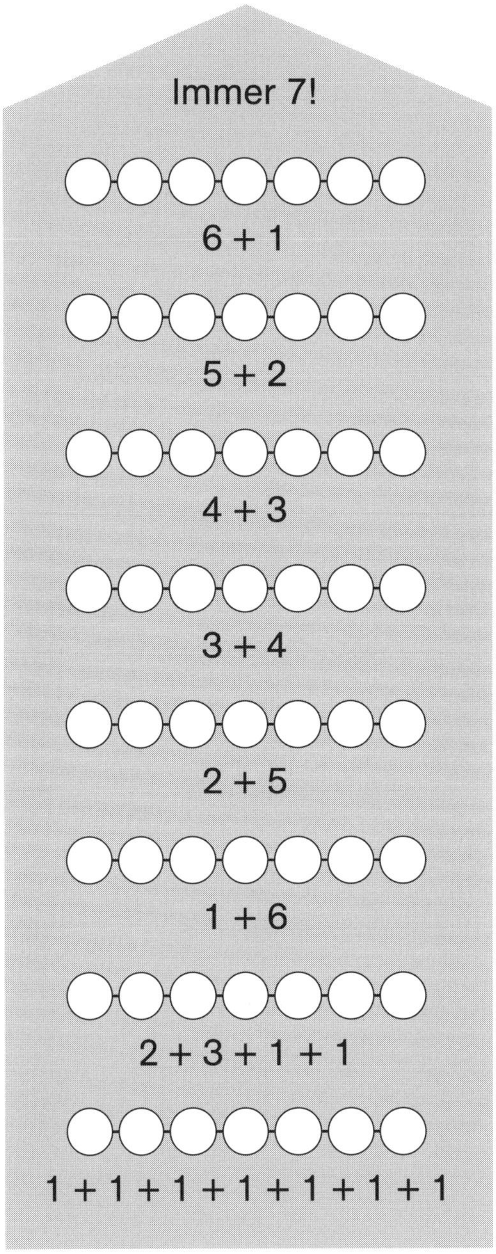

2. Male die Häuser so aus, dass sie zu den Zahlen passen. Ergänze die Zahlen.

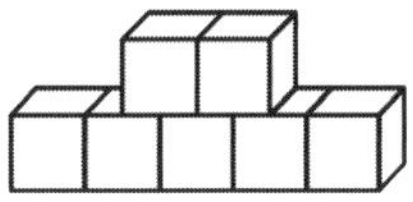

5 + [2]

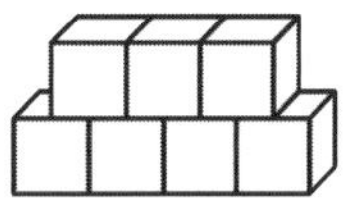

4 + [ ]

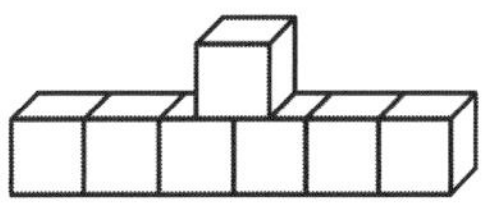

[ ] + [ ]

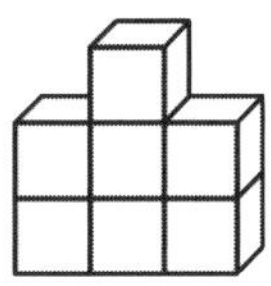

3 + [ ] + [ ]

3. Schreibe schöne Zahlen.

2					2
3					3

6					6
7					7

Name:

Die Zahl 8

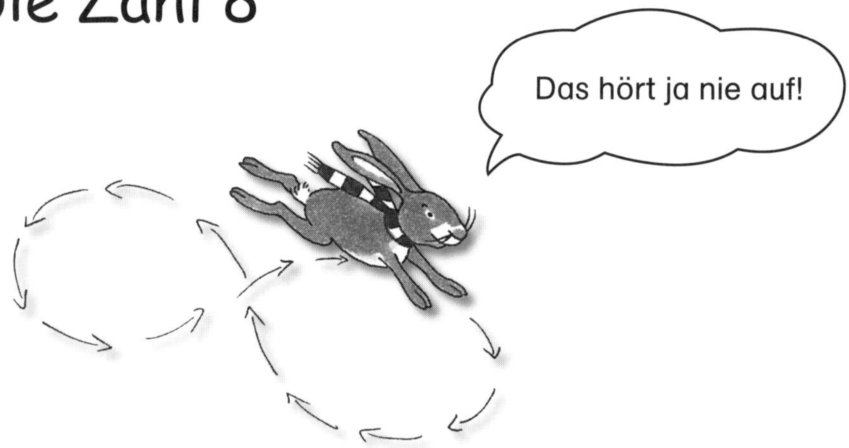

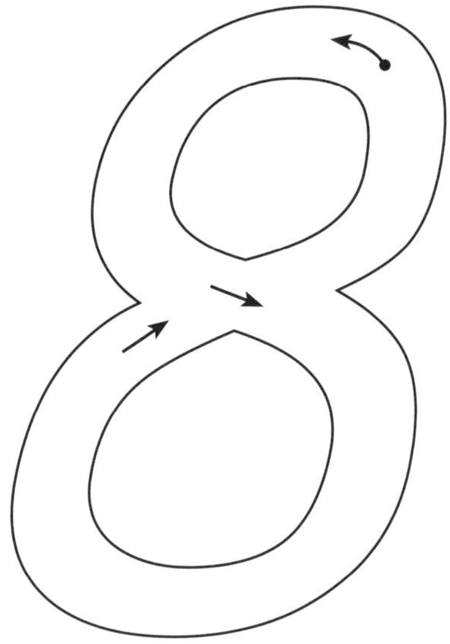

1. Es sollen immer 8 Würfel sein.
Ein Bild ist falsch. Streiche es durch.

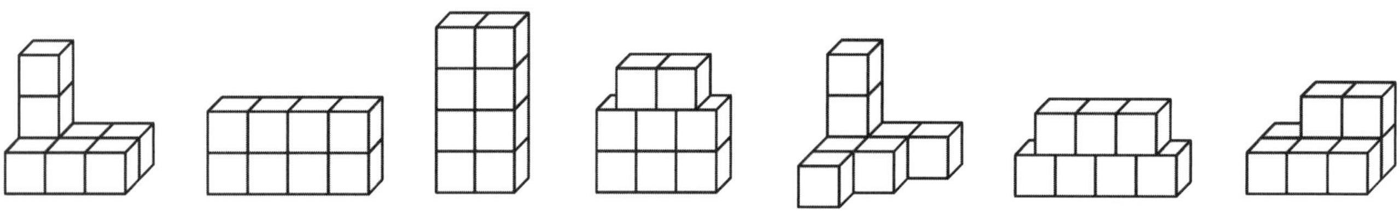

2. Ergänze.

8	::	::	8						

|||| |||	8					

3. Es sollen immer 8 sein. Male Muster.

Name:

Zerlegen der Zahl 8

1. Male die Perlen so aus, dass sie zu den Zahlen passen.

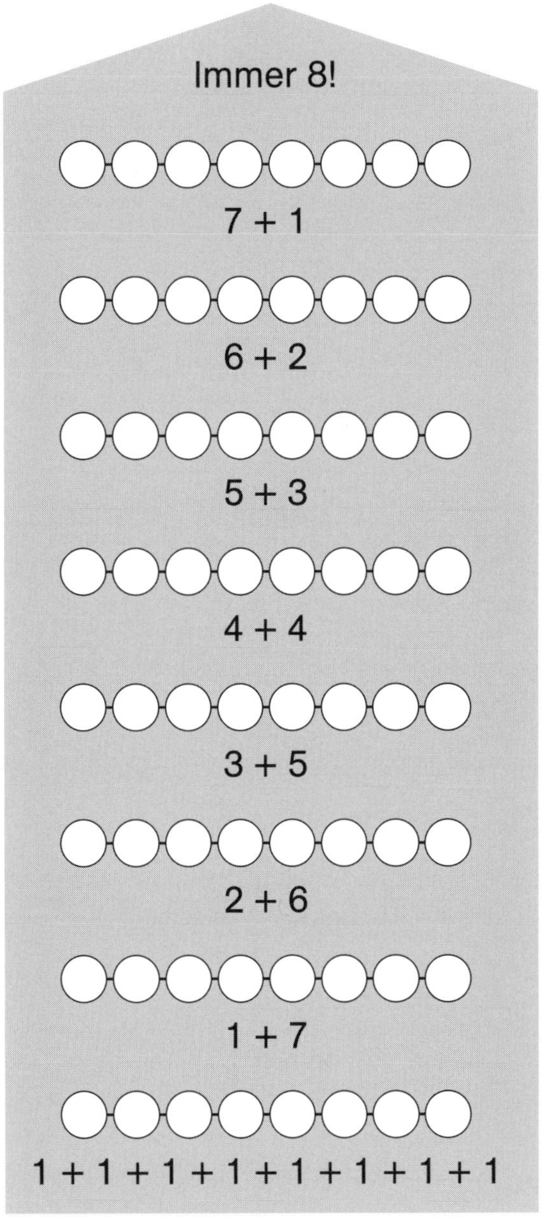

2. Male die Häuser so aus, dass sie zu den Zahlen passen. Ergänze die Zahlen.

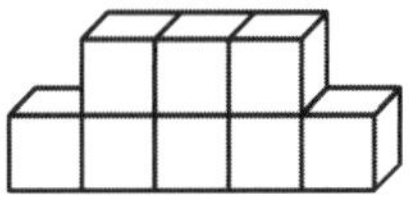

5 + ☐

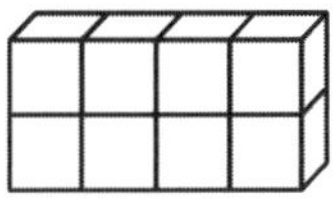

4 + ☐

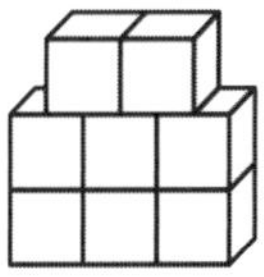

☐ + ☐ + ☐

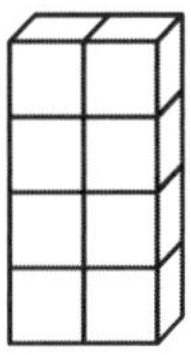

☐ + ☐ + ☐ + ☐

3. Schreibe schöne Zahlen.

6											6
7											7
8											8

Name:

Die Zahl 9

**1. Es sollen immer 9 Würfel sein.
Ein Bild ist falsch. Streiche es durch.**

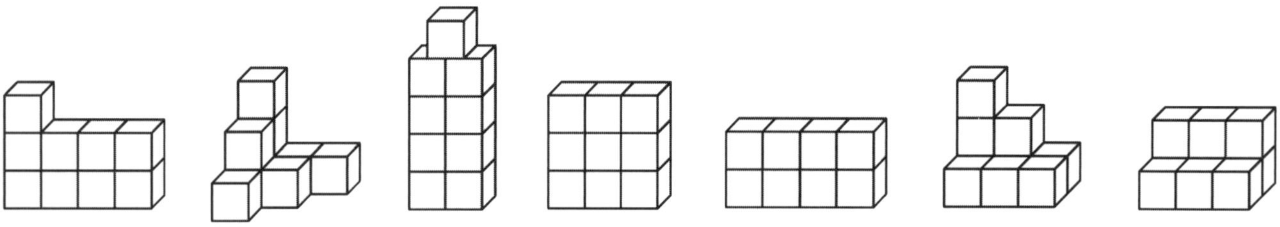

2. Ergänze.

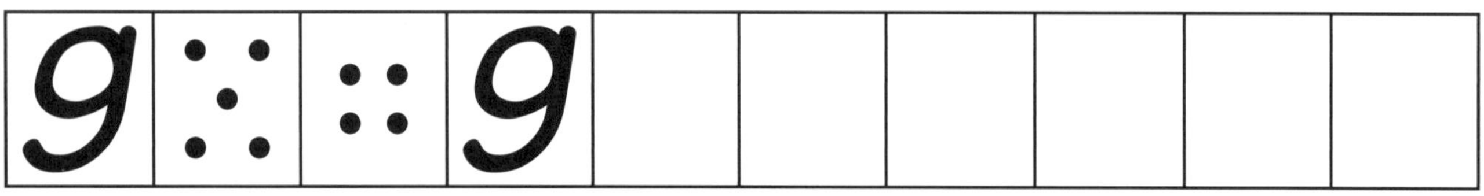

3. Es sollen immer 9 sein. Male Muster.

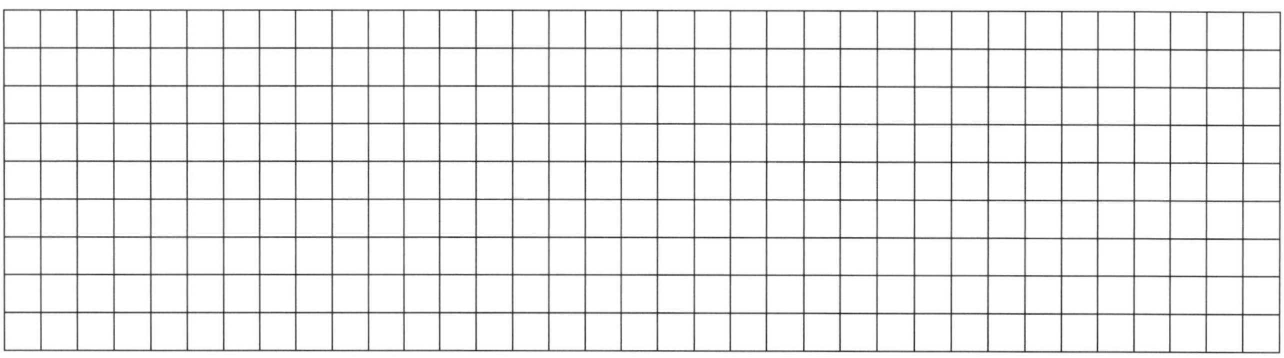

Name:

Zerlegen der Zahl 9

1. Male die Perlen so aus, dass sie zu den Zahlen passen.

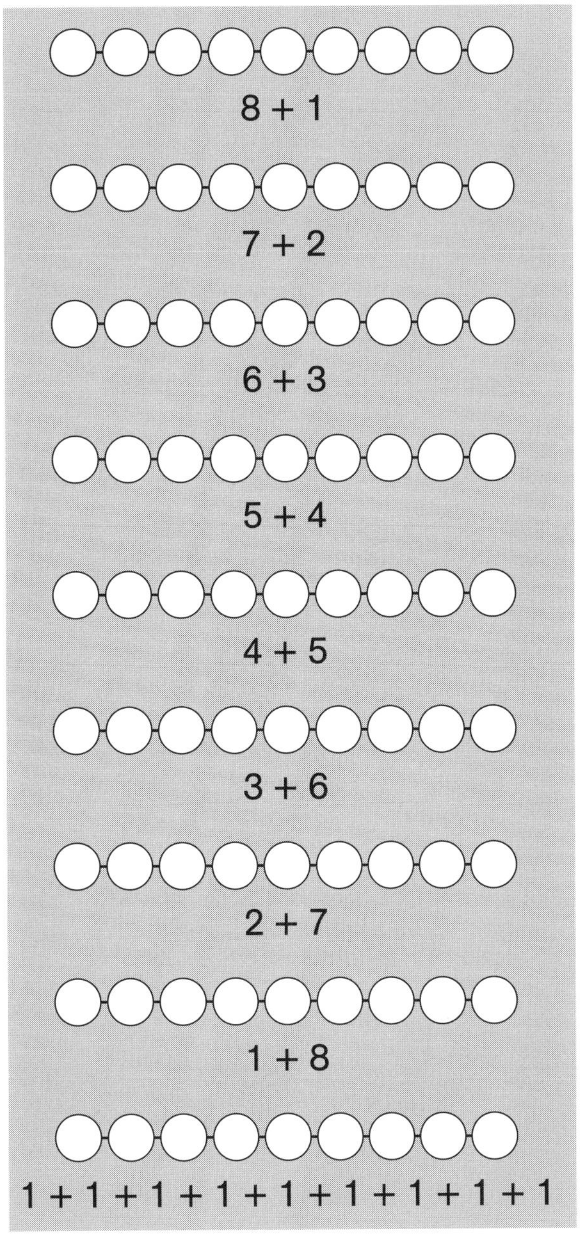

2. Male die Häuser so aus, dass sie zu den Zahlen passen. Ergänze die Zahlen.

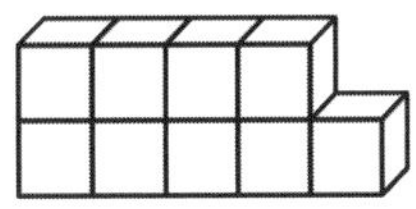

☐ + ☐

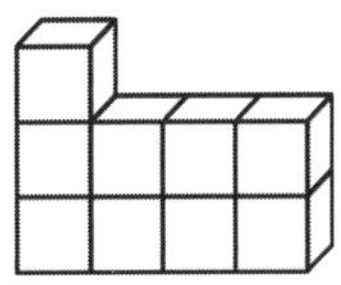

☐ + ☐ + ☐

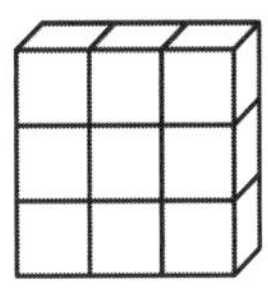

☐ + ☐ + ☐

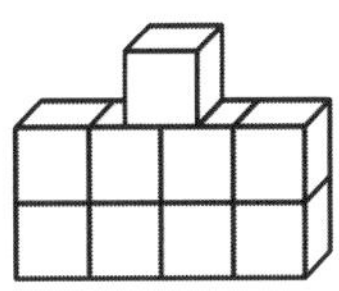

☐ + ☐ + ☐

3. Schreibe schöne Zahlen.

6											6
8											8
9											9

Name:

Die Zahl 10

1. Es sollen immer 10 Würfel sein.
Ein Bild ist falsch. Streiche es durch.

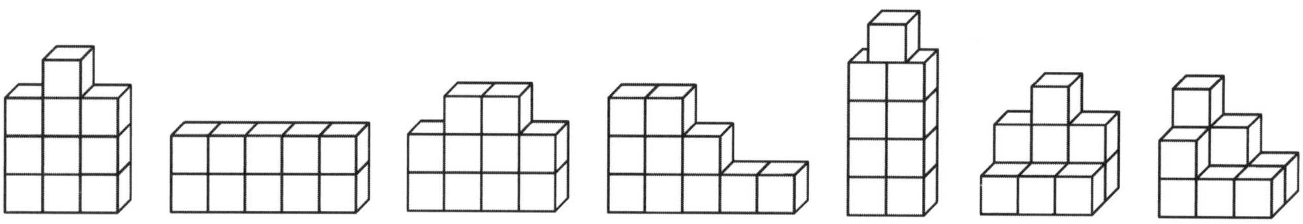

2. Ergänze.

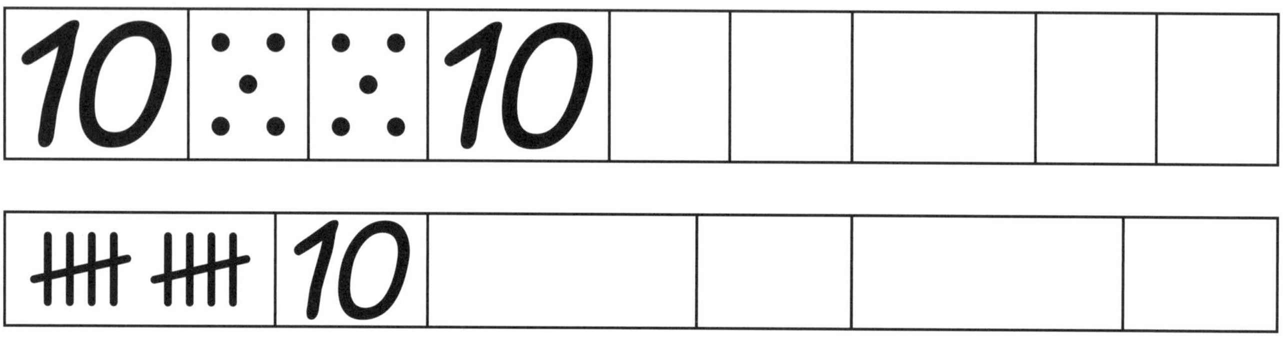

3. Es sollen immer 10 sein. Male Muster.

Name:

Zerlegen der Zahl 10

1. Male die Perlen so aus, dass sie zu den Zahlen passen.

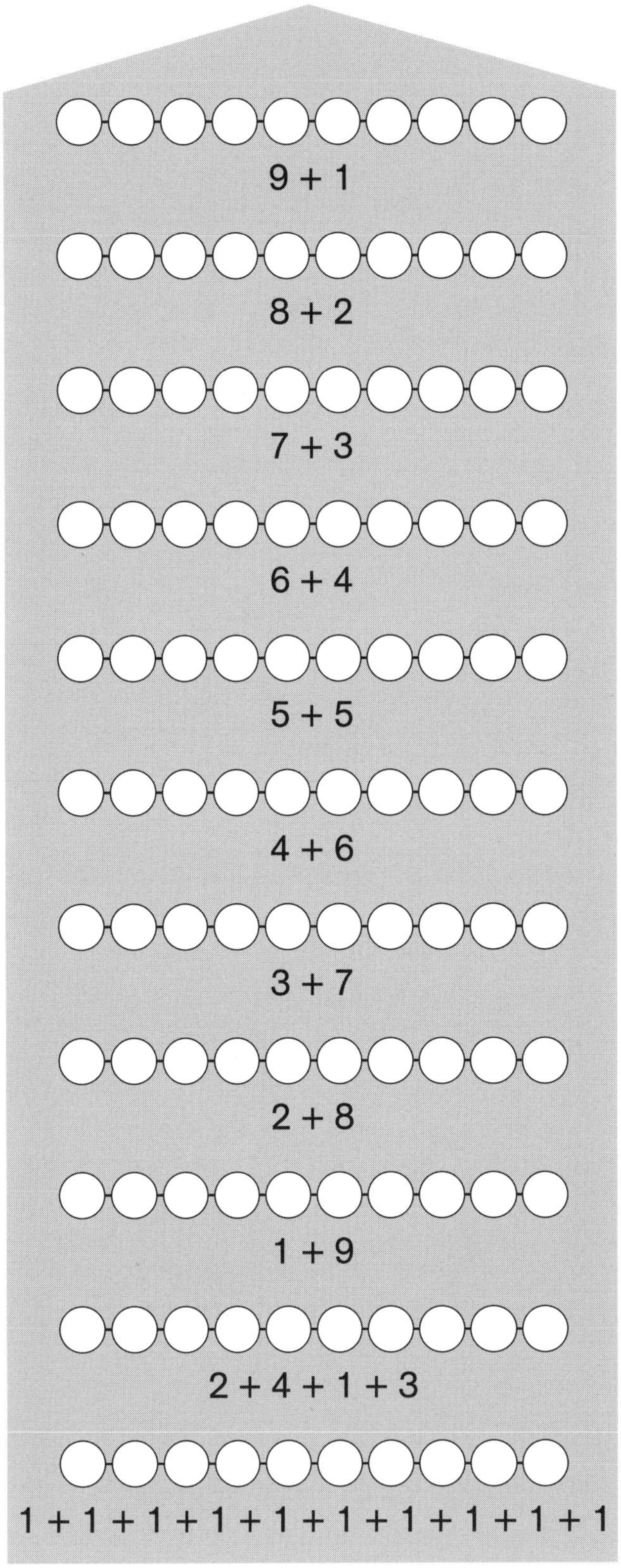

2. Male die Häuser so aus, dass sie zu den Zahlen passen. Ergänze die Zahlen.

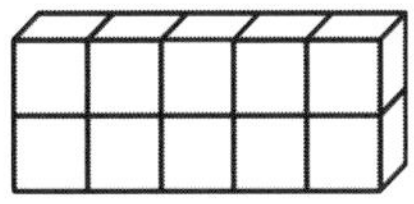

☐ + ☐

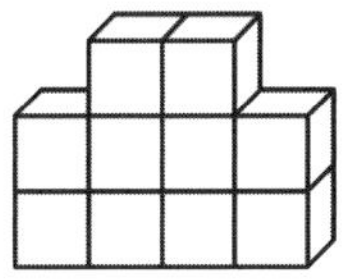

☐ + ☐ + ☐

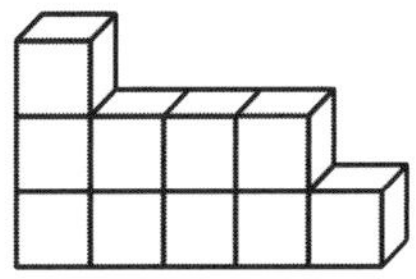

☐ + ☐ + ☐

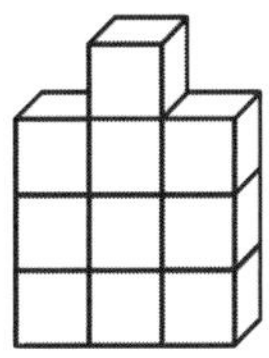

☐ + ☐ + ☐ + ☐

Die Zahlen bis 10

Der Hase läuft immer zum nächstgrößeren Haus.

1. Verbinde die Häuser in der richtigen Reihenfolge.

2. Ergänze die fehlenden Zahlen in den Zahlenhäusern.

7	8	9	10
4 + 2 + ☐	5 + 2 + ☐	5 + 3 + ☐	5 + 2 + ☐
2 + 3 + ☐	4 + 3 + ☐	4 + 3 + ☐	4 + 3 + ☐
3 + 3 + ☐	3 + 3 + ☐	3 + 3 + ☐	3 + 3 + ☐
1 + 3 + ☐	4 + 2 + ☐	2 + 3 + ☐	6 + 3 + ☐
5 + 1 + ☐	5 + 1 + ☐	1 + 3 + ☐	7 + 2 + ☐
2 + 2 + ☐	6 + 1 + ☐	4 + 2 + ☐	5 + 4 + ☐
4 + 1 + ☐	4 + 4 + ☐	4 + 1 + ☐	1 + 3 + ☐

Name:

Gleich viele?

Zähle. Sind es gleich viele? Dann schreibe (=) dazwischen.

7 = 7

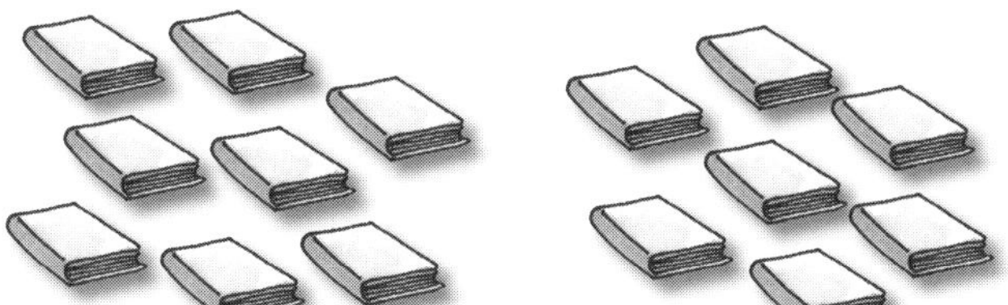

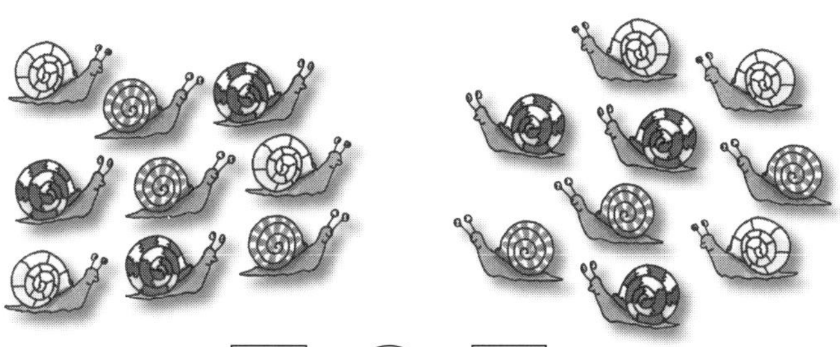

Name:

Größer oder kleiner?

Die Spitze zeigt immer zum Kleineren.

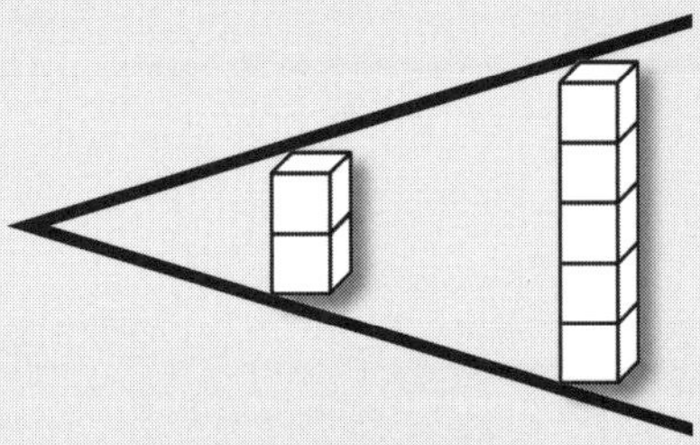

2 < 5

Der Zweierturm **ist kleiner als** der Fünferturm.

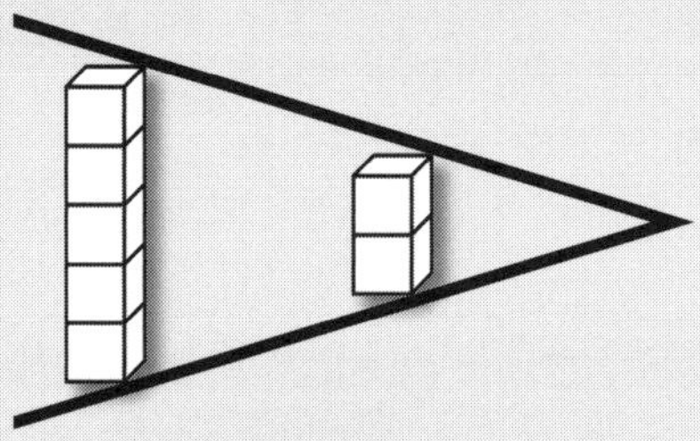

5 > 2

Der Fünferturm **ist größer als** der Zweierturm.

1. Vergleiche und setze das richtige Zeichen dazwischen.
Schreibe ⊂<⊃ immer grün und ⊂>⊃ immer rot.

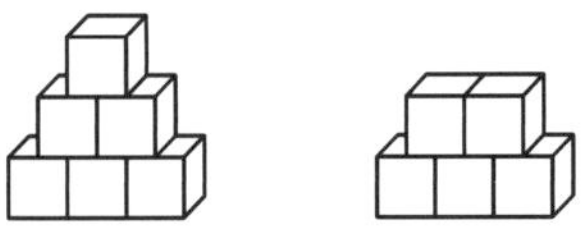

6 (>) ☐

☐ ◯ ☐

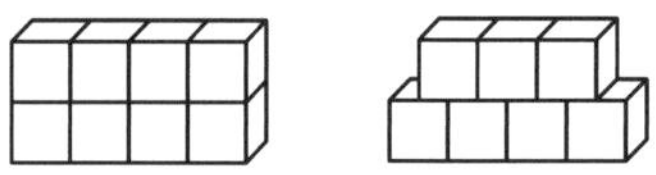

☐ ◯ ☐

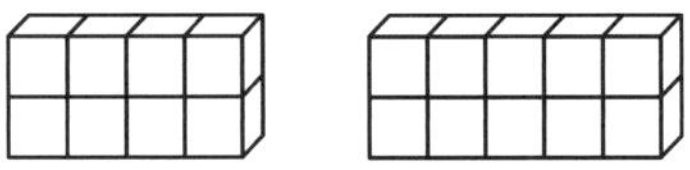

☐ ◯ ☐

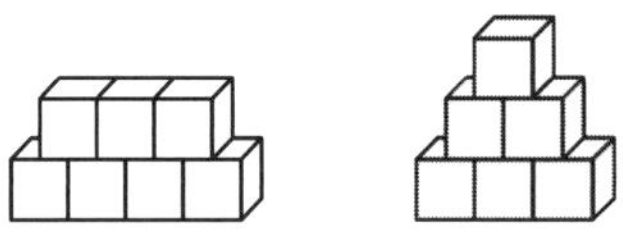

☐ ◯ ☐

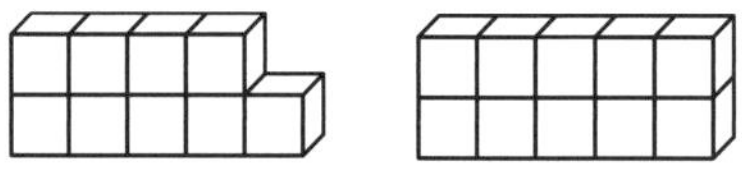

☐ ◯ ☐

2. Hier stimmt was nicht. Streiche den Fehler durch.

| 3 < 8 | 6 < 7 | 9 < 10 | 4 > 2 | 9 < 8 | 8 > 5 |

Name:

Nachbarzahlen

1. Die Kinder sollen sich in einer Reihe aufstellen. Einige haben ihren Platz noch nicht gefunden. Hilf ihnen mit einem Strich.

1	2	3	4	5	6	7	8	9	10

2. Erzähle.

Ich bin auf Platz 1.
Nach mir …

Ich bin auf Platz 3.
Vor mir … Nach mir …

3. Es gibt kleine und große Nachbarzahlen. Sprich zu den Pfeilen.

1 ist die kleine Nachbarzahl von 2.
3 ist die große Nachbarzahl von 2.

1	2	3	4	5	6	7	8	9	10

4. Trage die Nachbarzahlen ein.

3	4	

	8	

	5	

	6	

	3	

	7	

Name:

Ordnungszahlen

1. Erzähle und trage die Ordnungszahlen mit dem Punkt ein.

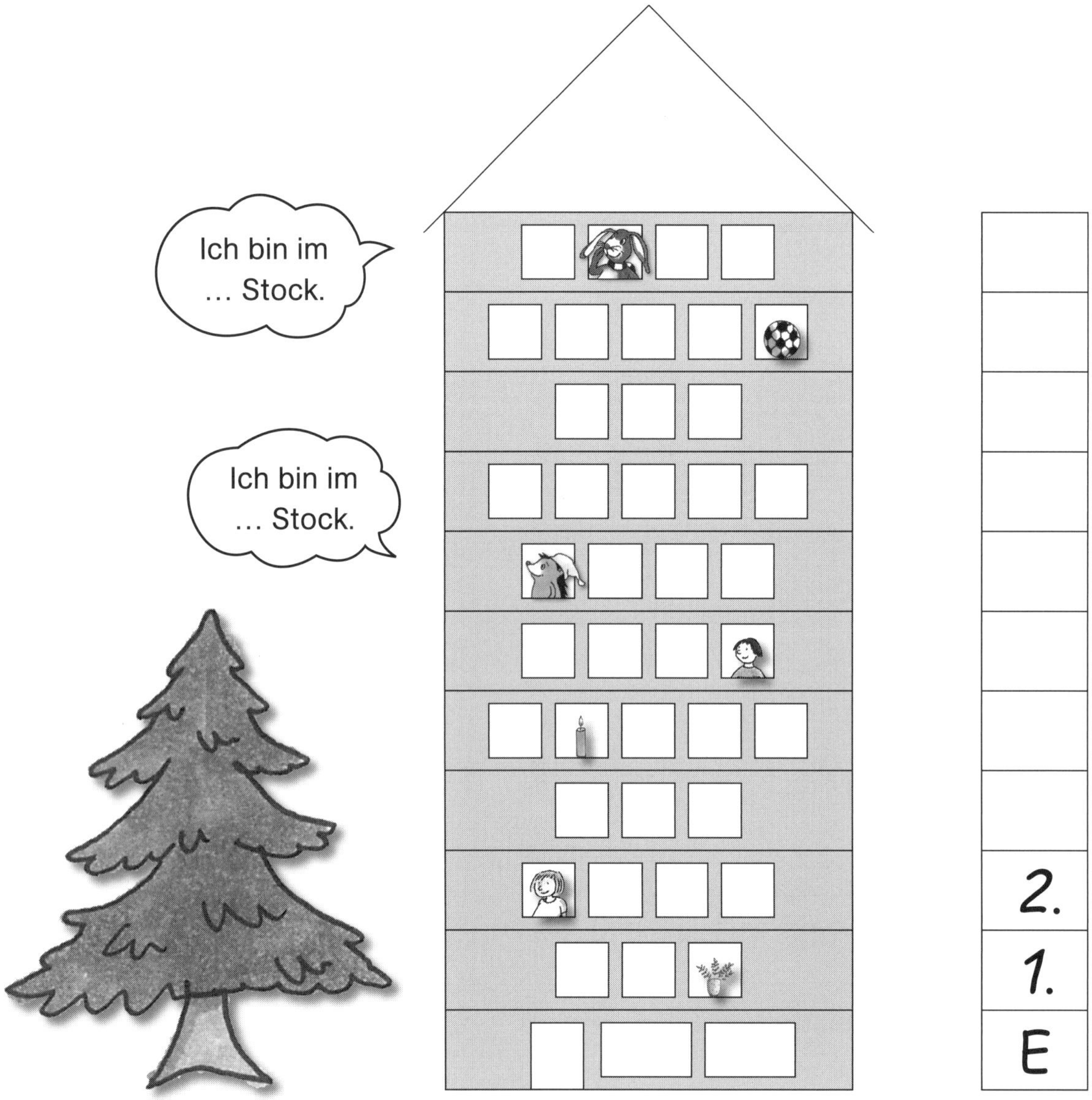

2. Male das angegebene Kästchen aus.

6.	2.
3.	4.
5.	8.
7.	9.
1.	10.

2. Kapitel: Rechnen bis 10

Vorbemerkung

Bei der Erarbeitung der Zahlen wurde bereits das Zerlegen von Zahlen in zwei Summanden behandelt. Darauf aufbauend werden nun die Addition und die Subtraktion getrennt voneinander eingeführt, anschließend aber als Umkehroperationen immer wieder aufeinander bezogen. Die Fünferstruktur als Grundlage für schnelles Erfassen von Anzahlen gewinnt beim Rechnen verstärkt an Bedeutung. Aufgaben mit der Zahl 0 werden von Anfang an einbezogen („nichts kommt dazu"/„nichts kommt weg"). Nach der anschaulichen Einführung der Operationen werden die Einspluseinsaufgaben bis 10 geübt und automatisiert.

Für Kinder mit Lernschwierigkeiten werden immer wieder konkrete Handlungen und grafische Darstellungen mit Fünferstruktur aufgegriffen. Wenn die Schüler ihre Finger als visuell-taktile Hilfe beim Rechnen benutzen, sollte dies nicht unterdrückt werden. Sobald die Kinder ausreichend Sicherheit beim Rechnen gewonnen haben, werden sie von selbst auf diese Hilfe verzichten.

Hinweise zu den Kopiervorlagen

Lerninhalte

- Verstehen der Addition als Hinzufügen und Zusammenfassen beim Umgang mit Gegenständen
- Notieren von Plusaufgaben zu abgebildetem Arbeitsmaterial (Längenmodell)
- Notieren des Vorwärtsgehens am Zahlenband als Plusaufgabe
- Notieren von Tauschaufgaben zu Plusaufgaben und Erkennen der Gleichheit
- Halbieren und Verdoppeln von Zahlen
- Vergleichen von Rechenausdrücken mit den Zeichen <, >, =

Ausgehend von konkreten Handlungen lernen die Schüler die Addition als das zeitlich sukzessive Hinzufügen von Dingen (z. B.: „Zuerst liegen 2 Bälle da, ich lege 3 dazu.") und das räumlich gleichzeitige Zusammenfassen zweier Mengen (z. B.: „Auf dem linken Stapel liegen 3 Bücher, auf dem rechten Stapel 4.") kennen. Dabei verwenden sie Begriffe wie „dazukommen, dazulegen, größer/mehr werden, geschenkt bekommen …"

KV Seite 41

Zusammenzählen

Lassen Sie die Schüler als Vorbereitung für die Addition Situationen der folgenden Art spielen: „4 Kinder stehen schon da, 2 kommen dazu." Dabei wird der Dreierschritt „zuerst – dazu – dann" sprachlich deutlich hervorgehoben. Variieren Sie zunächst nur die Zahlen, bevor Sie weitere Modellhandlungen durchführen (z. B.: „Lege 4 Würfel auf den Tisch, lege 3 dazu.") und anschließend die Gleichungsschreibweise vorstellen. Danach kann die konkrete Arbeit mit den Würfelhäusern einsetzen (z. B.: „Baue ein Würfelhaus aus 3 Würfeln. Lege 2 Würfel dazu.") und im Anschluss daran die Kopiervorlage bearbeitet werden.

Lösung

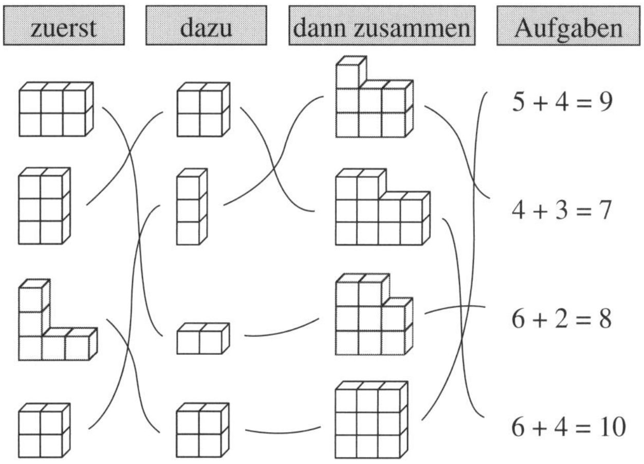

KV Seite 42

Plusaufgaben

Klären Sie vor der Bearbeitung dieser Kopiervorlage die bildliche Darstellung: Die Plättchen, die zuerst da waren, sind weiß abgebildet. Die Plättchen, die der Hase dazulegt, sind grau abgebildet. Achten Sie darauf, dass die Kinder beim Legen und Zeichnen zu Plusaufgaben zwischen der Fünf und der Sechs immer eine kleine Lücke lassen, die sogenannte „Fünferlücke".

Die zweite Aufgabe dient der Differenzierung und trainiert Plusaufgaben mit drei Summanden. Um die Kinder handelnd an die Aufgabe heranzuführen, erklären Sie, dass der Hase mit drei Würfen die jeweilige Zahl (8 bzw. 9 oder 10) erreichen soll.

Lösung
Aufgabe 1:

5 + 3 = 8	0 + 7 = 7	5 + 5 = 10
4 + 3 = 7	0 + 4 = 4	0 + 8 = 8
6 + 2 = 8	5 + 4 = 9	6 + 3 = 9
3 + 2 = 5	4 + 4 = 8	7 + 2 = 9

Aufgabe 2:

Immer 8!	Immer 9!	Immer 10!
2 + 4 + [2] = 8	3 + 5 + [1] = 9	3 + 4 + [3] = 10
5 + 2 + [1] = 8	5 + 2 + [2] = 9	3 + 2 + [5] = 10
4 + 1 + [3] = 8	6 + 1 + [2] = 9	4 + 2 + [4] = 10

KV Seite 43

Tauschaufgaben
Als Vorarbeit für diese Kopiervorlage sollte der Begriff „Tauschen" anschaulich gesichert werden, z. B. den Platz tauschen, Gegenstände tauschen, Buchstaben vertauschen …

Das so eingeführte Umformungsprinzip wenden die Kinder bei der ersten Aufgabe an. Beim Setzen der Gleichheitszeichen zwischen beiden Aufgaben (2 + 5 = 5 + 2) erfahren die Schüler die Gleichheit nicht nur anschaulich, sondern auch formal.

Bei der zweiten Aufgabe ist die erste Zahl jeweils kleiner als die zweite. Zeigen Sie anhand eines Beispiels (3 + 6) an der Tafel, dass sich eine Plusaufgabe leichter lösen lässt, wenn die größere Zahl vorne steht. Deutlicher wird dieser Rechenvorteil allerdings erst beim Zahlenraum bis 20.

Lösung
Aufgabe 1:

5 + 2 = 7	4 + 2 = 6	6 + 3 = 9
7 + 3 = 10	5 + 4 = 9	3 + 2 = 5

KV Seite 44

Plusaufgaben am Zahlenband
Das Rechnen am Zahlenband wird zunächst handelnd veranschaulicht: Legen Sie dafür die Zahlkärtchen 1 bis 10 der Reihe nach auf dem Fußboden aus. Ein Kind stellt sich auf eine Zahl und geht Ihrer Anweisung entsprechend viele Schritte von Kärtchen zu Kärtchen vorwärts.

Üben Sie mit den Kindern das Zeigen der Aufgaben am Zahlenband als Rechenhilfe ein: Der linke Zeigefinger zeigt auf die Ausgangszahl, der rechte Zeigefinger „wandert" um entsprechend viele Zahlen nach rechts und zeigt schließlich auf die Endzahl. Dazu spricht das Kind die Aufgabe.

KV Seite 45

Die Hälfte und das Doppelte
Verdoppeln und Halbieren werden als inverse Operationen im Zusammenhang erarbeitet. Beim Verdoppeln wird zu einer Menge eine gleich mächtige Menge hinzugefügt, d. h. dass zu einer Zahl die gleiche addiert wird. Das Halbieren ist als Zerlegen in zwei gleich mächtige Mengen zu verstehen, als „gerechtes" Verteilen an zwei.

Verschiedene Formen der Vorarbeit sind möglich:

- Die Kinder berichten aus dem Alltag, in welchen Situationen sie die Begriffe „Verdoppeln, das Doppelte, doppelt so viel" bzw. „Halbieren, die Hälfte, halb so viel" bereits erfahren haben.
- Die Schüler probieren durch Falten selbstständig aus, auf welche Weise sie die bekannten Flächenformen Rechteck, Quadrat und Kreis halbieren können (vgl. 6. Kapitel, Seite 139).
- Die Kinder legen ihre Plättchen in einer Reihe aus. Sie verdoppeln die Anzahl der Plättchen, indem sie eine gleich lange Reihe darunterlegen, bzw. halbieren sie, indem sie nach der Hälfte eine Schnur dazwischenlegen. Anschließend bauen die Kinder Würfelhäuser und verdoppeln bzw. halbieren diese. Verdeutlichen Sie, dass es bei der „Größe" von Würfelhäusern nicht auf die tatsächliche Höhe von übereinanderliegenden Reihen ankommt, sondern auf die Anzahl der Würfel.

KV Seite 46

Lange Zahlnamen vergleichen
Während bisher nur „kurze Zahlnamen" verglichen wurden (1. Kapitel, Seite 31/32), werden nun „lange Zahlnamen" mit den bereits bekannten Zeichen <, > und = verglichen. In Analogie zu dem Begriff „kurze Zahlnamen" empfiehlt es sich, statt des in den Lehrplänen meist gebrauchten Begriffs „Rechenausdrücke" im Unterricht die Bezeichnung „lange Zahlnamen" zu verwenden. Beim Vergleichen ist es hilfreich, wenn die Kinder den kurzen Zahlnamen darunterschreiben.

Lösung
Aufgabe 1:
3 < 5; 4 = 4; 6 > 4

Aufgabe 2:

6 + 2 = 4 + 4	5 + 2 > 4 + 2	3 + 2 < 2 + 4
8 = 8	7 > 6	5 < 6
3 + 2 = 4 + 1	0 + 2 < 0 + 4	3 + 3 = 2 + 4
5 = 5	2 < 4	6 = 6

5 + 5 > 4 + 4	5 + 3 = 4 + 4	8 + 2 > 9 + 0
10 > 8	8 = 8	10 > 9
7 + 3 = 10 + 0	2 + 7 > 8 + 0	1 + 9 = 9 + 1
10 = 10	9 > 8	10 = 10
1 + 2 < 4 + 3	4 + 0 = 3 + 1	5 + 0 < 5 + 5
3 < 7	4 = 4	5 < 10

Lerninhalte

- Verstehen der Subtraktion als Wegnehmen und Zerlegen beim Umgang mit Gegenständen
- Notieren von Minusaufgaben zu abgebildetem Arbeitsmaterial (Längenmodell)
- Notieren des Rückwärtsgehens am Zahlenband als Minusaufgabe

Der Subtraktion entsprechen Handlungen des Wegnehmens und Zerlegens. Im Gegensatz zur Addition ist die bildliche Darstellung schwierig: Was weggenommen wurde, ist eigentlich nicht mehr zu sehen. Das Durchstreichen der wegzunehmenden Dinge soll den Kindern helfen, sich die zeitliche Abfolge vorzustellen. Aus diesem Grund müssen die Kinder zunächst lernen, Bilder zur Subtraktion richtig zu „lesen": Der Ausgangssituation entsprechen alle Dinge (die durchgestrichenen Dinge mitgezählt!), die durchgestrichenen Dinge werden weggenommen, sodass die restlichen Dinge übrig bleiben (z. B. „Zuerst liegen 6 Bälle da, dann werden 2 weggenommen. Zum Schluss sind noch 4 Bälle übrig.") Das richtige Interpretieren dieser Zeichnungen ist eine Fähigkeit, die nicht als selbstverständlich vorausgesetzt werden darf. Der Subtraktion entsprechen Begriffe wie „weglegen, weggeben, weglaufen, verlieren, leer machen, aufessen, zerbrechen …"

KV Seite 47

Wegnehmen

Erfahrungsgemäß fallen den Kindern Minusaufgaben schwerer als Plusaufgaben. Führen Sie diese Rechenoperation deshalb mit einer Handlung ein, z. B.: „7 Kinder stehen da, 3 davon gehen weg." Neben dem sprachlichen Dreischritt „zuerst – weg – dann" lässt sich dabei das Minuszeichen als wegscheuchende, wegschiebende Handbewegung einführen. Variieren Sie wieder zunächst nur die Zahlen, bevor Sie weitere Modellhandlungen durchführen (z. B.: „Lege 4 Würfel auf den Tisch, nimm 3 weg.") und anschließend die Gleichungsschreibweise vorstellen. Danach kann zuerst die konkrete Arbeit mit den Würfelhäusern einsetzen (z. B.: „Baue ein Würfelhaus aus 3 Würfeln. Nimm 2 weg.") und schließlich die Kopiervorlage bearbeitet werden. Als Merkhilfe sollten sich die Kinder die Regel „Bei der Minusaufgabe muss die größere Zahl immer vorne stehen" einprägen.

Lösung

Aufgabe 2:

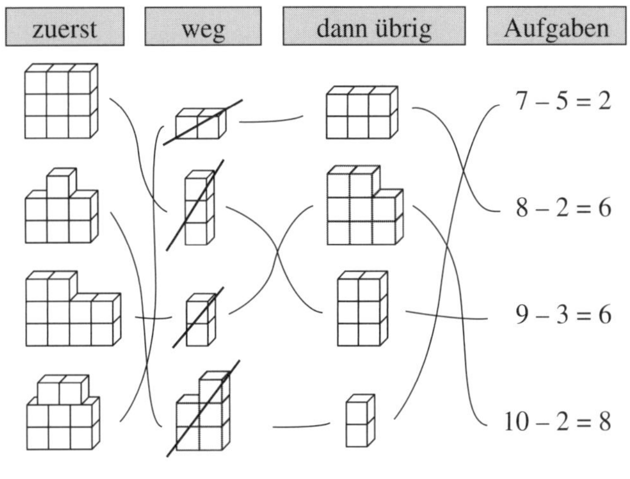

KV Seite 48/49

Minusaufgaben

Legen Sie als Vorarbeit an der Hafttafel z. B. 7 Plättchen auf. Während die Kinder ihre Augen schließen, decken Sie nun mit einem Tuch oder einem Blatt Papier 3 Plättchen zu. Wie viele Plättchen sind darunter, wie viele sind noch zu sehen?

Klären Sie vor der Bearbeitung der Kopiervorlage die bildliche Darstellung: Alle abgebildeten weißen Plättchen waren zuerst da. Die Plättchen, die der Hase wegnimmt, sind durchgestrichen. Sie sind nicht mehr da. Die Kinder können die durchgestrichenen Würfel auch mit einem Finger abdecken.

Auf der zweiten Kopiervorlage sollen die Kinder zeigen, dass sie die Notation verstanden haben, indem sie die Gleichung grafisch umsetzen. Falls dies nicht gelingt, ist anhand einer konkreten Handlung die Rechenoperation erneut zu demonstrieren und deren grafische Umsetzung zu üben. Die zweite Aufgabe dient der Differenzierung. Die Kinder müssen die bereits vorhandenen Zahlen für das Fortsetzen der Aufgabenreihen genau betrachten, die Zahlenfolge analysieren und so auf die fehlenden Zahlen schlussfolgern.

Lösung Seite 49

Aufgabe 2:

7 – 1 = 6	10 – 4 = 6	7 – 2 = 5	10 – 8 = 2
6 – 1 = 5	10 – 5 = 5	6 – 2 = 4	10 – 9 = 1
8 – 4 = 4	8 – 4 = 4	10 – 1 = 9	9 – 6 = 3
10 – 5 = 5	8 – 5 = 3	10 – 0 = 10	9 – 7 = 2

KV Seite 50

Minusaufgaben am Zahlenband

Analog zur Arbeit bei der Addition sollte auch das Rechnen der Minusaufgaben am Zahlenband zunächst handelnd veranschaulicht werden: Legen Sie Zahlkärtchen von 1 bis 10 der Reihe nach auf dem Fußboden aus. Ein Kind stellt sich auf eine Zahl und geht Ihrer Anweisung entsprechend viele Schritte von Kärtchen zu Kärtchen rückwärts.

Das Zeigen mit den Fingern am Zahlenband, das die Kinder als Rechenhilfe einsetzen können, erfolgt genau umgekehrt zur Addition: Der rechte Zeigefinger zeigt auf die Ausgangszahl, der linke Zeigefinger „wandert" um entsprechend viele Zahlen nach links und zeigt schließlich auf die Endzahl. Dazu spricht das Kind die Aufgabe.

Lerninhalte

- Erkennen des Zusammenhangs zwischen Plus- und Minusaufgaben bei der Umkehroperation und Erkennen der Gleichheit der Zahlen
- Notieren der Umkehraufgaben zu Plus- und Minusaufgaben
- Bilden von vier Gleichungen zu drei Zahlen (Zahlentripeln)
- Bilden von Nachbaraufgaben und Erkennen von Zahlbeziehungen
- Automatisieren und Lösen von Gleichungen mit Plus und Minus bis 10

KV Seite 51/52

Umkehraufgaben

Als Vorarbeit sollte den Kindern der Begriff „Umkehren" anschaulich verdeutlicht werden. Dazu stellen sich die Kinder im Pausenhof oder in der Turnhalle nebeneinander in einer Reihe auf. Ihrer Anweisung entsprechend (mündlich, Zahlkarte zeigen, klatschen) gehen die Kinder z. B. 5 Schritte vorwärts. Nach Ihrem Ruf „Umdrehen und umkehren!" gehen sie genau so viele Schritte zurück. Weiterführend suchen die Kinder Beispiele aus dem Alltag zum Umkehren bzw. für das Gegenteil, z. B.: Das Umgekehrte vom Verdoppeln ist das Halbieren.

Auf der Kopiervorlage wird die Umkehrung grafisch durch Pfeile deutlich gemacht: Ein Pfeil zeigt nach rechts, d. h. vorwärts am Zahlenband, der andere Pfeil zeigt nach links, d. h. rückwärts am Zahlenband. Während auf der ersten Kopiervorlage die Reihenfolge „zuerst dazu, dann das Gleiche weg" lautet und die Umkehrsituation die Subtraktion ist, wird auf der zweiten Kopiervorlage die Reihenfolge in „zuerst weg, dann das Gleiche dazu" vertauscht, sodass die Umkehrsituation die Addition ist.

Lösung Seite 51

3 + 5 = 8	8 – 5 = 3	1 + 8 = 9	9 – 8 = 1
0 + 9 = 9	9 – 9 = 0	4 + 6 = 10	10 – 6 = 4

Lösung Seite 52

6 – 2 = 4	7 – 4 = 3	5 – 2 = 3
4 + 2 = 6	3 + 4 = 7	3 + 2 = 5
8 – 6 = 2	9 – 7 = 2	10 – 3 = 7
2 + 6 = 8	2 + 7 = 9	7 + 3 = 10

KV Seite 53

Domino mit Umkehraufgaben

Dieses Domino trainiert das Finden von Umkehraufgaben und kann in der Freiarbeit eingesetzt werden. Alternativ können Sie die Kärtchen auch für einen „bewegten Mathematikunterricht" verwenden. Kopieren Sie dafür die Kopiervorlage einmal vergrößert und zerschneiden Sie sie in 26 einzelne Kärtchen mit jeweils einer Aufgabe. Jedes Kind erhält nun ein Kärtchen, das es mit einer Wäscheklammer gut sichtbar vorne an seiner Kleidung befestigt. Anschließend laufen die Kinder zu Instrumentalmusik im Klassenzimmer umher, suchen das Kind, das das Kärtchen mit der entsprechenden Umkehraufgabe hat, und tanzen mit ihm so lange, bis sich alle Paare gefunden haben. Als Hilfe können Sie den Kindern sagen, dass jeweils ein Kärtchen mit einem Hasenbild und mit einem Igelbild zusammengehören.

Dieses unkomplizierte und bei den Kindern beliebte Spiel lässt sich bei allen Aufgaben, die eine Paarbildung erfordern, durchführen.

KV Seite 54

Verwandte Aufgaben

Als Hinführung schreiben Sie die folgenden vier Aufgaben untereinander an die Tafel:

4 + 3 = ☐
3 + 4 = ☐
☐ – 3 = 4
☐ – 4 = 3

Die Kinder erkennen, dass alle Aufgaben aus denselben Zahlen bestehen, die aber an unterschiedlichen Stellen stehen und mit unterschiedlichen Rechenzeichen verbunden sind. Die Kinder lösen die Aufgaben und überlegen sich zu jeder Aufgabe eine passende Rechengeschichte. Daraus folgt die Erkenntnis: Alle Aufgaben haben die gleichen Zahlen, stellen aber unterschiedliche Rechengeschichten dar. Machen Sie deutlich, dass alle vier Aufgaben jeweils über eine Tausch- bzw. Umkehraufgabe zusammenhängen und zu einer „Aufgabenfamilie" gehören: Sie sind sozusagen miteinander „verwandt".

Während die Kinder zunächst die zusammengehörenden Aufgaben nur herausfinden und farbig markieren, formen sie in der folgenden Übung die Aufgaben selbstständig um und können dabei ihre Rechenfertigkeit trainieren. Klären Sie vor der Bearbeitung der zweiten Aufgabe die Abkürzungen U = Umkehraufgabe und T = Tauschaufgabe.

Lösung

Aufgabe 1:

4 + 3 = 7	6 + 1 = 7	5 + 3 = 8	1 + 6 = 7
2 + 6 = 8	7 – 4 = 3	8 – 2 = 6	8 – 3 = 5
3 + 5 = 8	8 – 6 = 2	3 + 4 = 7	6 + 2 = 8
7 – 6 = 1	8 – 5 = 3	7 – 1 = 6	7 – 3 = 4

Aufgabe 2:

U	Aufgabe	T	U
9 – 3 = 6	6 + 3 = 9	3 + 6 = 9	9 – 6 = 3
6 – 2 = 4	4 + 2 = 6	2 + 4 = 6	6 – 4 = 2
10 – 1 = 9	9 + 1 = 10	1 + 9 = 10	10 – 9 = 1
10 – 2 = 8	8 + 2 = 10	2 + 8 = 10	10 – 8 = 2
9 – 4 = 5	5 + 4 = 9	4 + 5 = 9	9 – 5 = 4

Weiterführender Vorschlag

Nennen Sie drei Zahlen oder geben Sie diese auf Kärtchen vor. Die Kinder finden dazu die entsprechenden Aufgaben der Familie. (Hinweis: Bei Minusaufgaben muss die größere Zahl stets vorne stehen.)

KV Seite 55

Nachbaraufgaben

Wiederholen Sie zunächst anhand des Zahlenbands die Nachbarzahlen, z. B.: „Der kleine Nachbar von 5 ist 4, der große Nachbar von 5 ist 6." Erklären Sie den Kindern, dass zu den Nachbarzahlen sogenannte „Nachbaraufgaben" erstellt werden können, bei denen jeweils eine Zahl um 1 vergrößert oder verkleinert wird.

Im Folgenden werden alle Möglichkeiten, Nachbaraufgaben zu bilden, systematisch vorgestellt:

Nachbaraufgaben			Ergebnisse sind wieder
Nachbarzahlen immer um 1 größer	zweite Zahl gleich		Nachbarzahlen immer um 1 größer
4 + 2			4 + 2 = 6
5 + 2		➔	**5 + 2 = 7**
6 + 2			6 + 2 = 8

Nachbaraufgaben			Ergebnisse sind wieder
erste Zahl gleich	Nachbarzahlen immer um 1 größer		Nachbarzahlen immer um 1 größer
5 + 1			5 + 1 = 6
5 + 2		➔	**5 + 2 = 7**
5 + 3			5 + 3 = 8

Nach der Bearbeitung der oberen Hälfte der Kopiervorlage finden die Schüler den Zusammenhang und die Beziehungen zwischen den einzelnen Aufgaben heraus. Die Regel lautet: „Jede Aufgabe hat vier Nachbaraufgaben."

Nachbarn der ersten Zahl	Nachbarn der zweiten Zahl	
0 + 2 = □	1 + 1 = □	Das Ergebnis ist um 1 kleiner.
1 + 2 = □		
2 + 2 = □	1 + 3 = □	Das Ergebnis ist um 1 größer.

Bei der zweiten Übung sind der Einfachheit halber jeweils nur die Nachbaraufgaben zur zweiten Zahl zu bilden und die begonnenen Aufgabenreihen zu ergänzen. Ausgehend von den Aufgaben in der grauen Spalte können die Kinder die fehlenden Zahlen ergänzen. Diese Transferleistung fällt nicht allen Kindern leicht. Bearbeiten Sie die Kopiervorlage deshalb mit leistungsschwächeren Kindern gemeinsam, während leistungsstärkere Schüler selbstständig rechnen.

Lösung

Aufgabe 2:

0 + 4 = 4	0 + 5 = 5	0 + 6 = 6	0 + 7 = 7
1 + 4 = 5	1 + 5 = 6	1 + 6 = 7	1 + 7 = 8
2 + 4 = 6	2 + 5 = 7	2 + 6 = 8	2 + 7 = 9

4 + 2 = 6	4 + 3 = 7	4 + 4 = 8	4 + 5 = 9
5 + 2 = 7	5 + 3 = 8	5 + 4 = 9	5 + 5 = 10
6 + 2 = 8	6 + 3 = 9	6 + 4 = 10	

2 + 0 = 2	2 + 1 = 3	2 + 2 = 4	2 + 3 = 5
3 + 1 = 4	3 + 2 = 5	3 + 3 = 6	3 + 4 = 7
4 + 2 = 6	4 + 3 = 7	4 + 4 = 8	4 + 5 = 9
5 + 3 = 8	5 + 4 = 9	5 + 5 = 10	

Weiterführender Vorschlag

Bereiten Sie Kärtchen mit Aufgaben vor, aus denen die Kinder passende Kärtchen mit Nachbaraufgaben herausfinden. Die Schüler nennen die Nachbarzahlen und die entsprechenden Ergebnisse. Die folgenden Aufgaben eignen sich zum vergrößerten Kopieren:

0 + 8	1 + 7	2 + 6	3 + 5
1 + 8	2 + 7	3 + 6	4 + 5
2 + 8	3 + 7	4 + 6	5 + 5
4 + 4	5 + 3	6 + 2	7 + 1
5 + 4	6 + 3	7 + 2	8 + 1
6 + 4	7 + 3	8 + 2	9 + 1

1 + 7	2 + 6	3 + 5	4 + 4
1 + 8	2 + 7	3 + 6	4 + 5
1 + 9	2 + 8	3 + 7	4 + 6
5 + 3	6 + 2	7 + 1	8 + 0
5 + 4	6 + 3	7 + 2	8 + 1
5 + 5	6 + 4	7 + 3	8 + 2

Lerninhalte
- Erzählen von Rechengeschichten zu Bildern
- Notieren von Plus- und Minusaufgaben

KV Seite 56

Rechengeschichten: Plus oder Minus?

Anhand der Bilder leiten die Kinder die Sachsituation ab, schildern sie und finden dazu die passende Rechnung. Dabei vertiefen sie ihre Einsicht in die unterschiedlichen Rechenoperationen.

Für die Bearbeitung der Kopiervorlage benötigt jedes Kind fünf quadratische Kärtchen mit einem Minuszeichen und fünf runde Kärtchen mit einem Pluszeichen. Die Schüler können die Formen aus Tonpapier selbst ausschneiden. Zunächst betrachten die Kinder die Bilder auf der Kopiervorlage, entscheiden, ob es sich um eine Plus- oder Minusaufgabe handelt, und legen auf jedes Bild das passende Rechenzeichen. Beim gemeinsamen Erzählen haben sie die Gelegenheit, die aufgelegten Zeichen auszutauschen. Danach schreiben die Kinder die Rechnungen auf.

Lösung

① 7 – 2 = 5	② 6 + 3 = 9
③ 3 + 2 = 5	④ 3 – 2 = 1
⑤ 5 – 2 = 3	⑥ 2 + 3 = 5
⑦ 10 – 3 = 7	⑧ 7 + 2 = 9

Weiterführende Vorschläge
- Die Kinder erzählen zu jedem Bild die „Umkehrgeschichte" und bilden die entsprechende Umkehraufgabe.
- Jedes Kind hat ein quadratisches Kärtchen mit dem Minuszeichen und ein rundes Kärtchen mit dem Pluszeichen vor sich liegen. Erzählen Sie eine kurze Rechengeschichte. Um sich besser konzentrieren zu können, schließen die Kinder dabei ihre Augen. Jedes Kind entscheidet sich nun für das passende Zeichen und hält es hoch. Nach einer kurzen Besprechung folgt die nächste Rechengeschichte.

KV Seite 57

Lange Rechengeschichten

Um bewegliches Denken und Rechnen zu fördern, wird auf dieser Kopiervorlage gezeigt, wie sich zwei aufeinanderfolgende Situationen in einer Rechnung kurz notieren lassen.

Lösung

Aufgabe 2:

5 + 3 = 8	8 – 6 = 2	5 + 3 – 6 = 2
10 – 7 = 3	3 + 2 = 5	10 – 7 + 2 = 5
9 – 5 = 4	4 + 3 = 7	9 – 5 + 3 = 7
6 + 2 = 8	8 – 3 = 5	6 + 2 – 3 = 5

Aufgabe 3:

1 + 5 + 3 = 9	10 – 4 – 2 = 4	10 – 6 + 2 = 6
4 + 0 + 5 = 9	10 – 1 – 6 = 3	5 + 4 – 6 = 3
3 + 2 + 3 = 8	10 – 3 – 5 = 2	10 – 9 + 5 = 6

Name:

Zusammenzählen

Hase und Igel bauen Häuser.
Welches Haus ist am Schluss größer?

Der Hase baut:

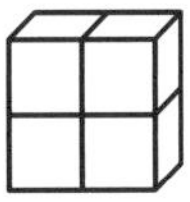 **zuerst 4**	 **2 dazu**	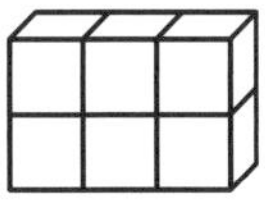 **dann zusammen 6**
4	**+**	**2** **=** **6**
4	**plus**	**2 ist gleich 6**

Der Igel baut:

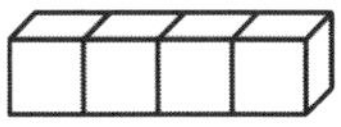 **zuerst 4**	 **1 dazu**	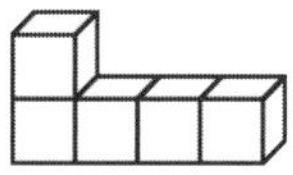 **dann zusammen 5**
☐	+ ☐	= ☐

Welche drei Bilder gehören zusammen? Rahme sie mit der gleichen Farbe ein. Welche Aufgabe passt dazu? Rahme auch sie farbig ein und rechne.

zuerst	dazu	dann zusammen	Aufgaben
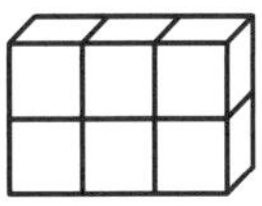	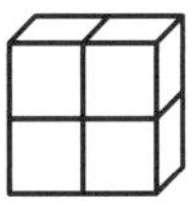	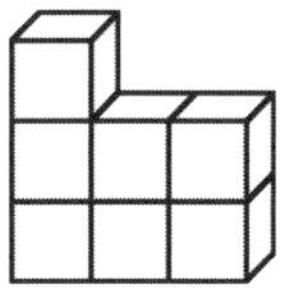	5 + 4 = ☐
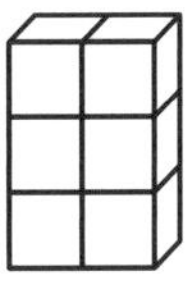	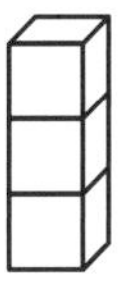	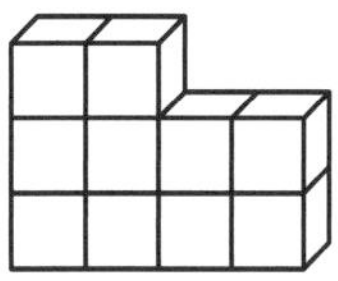	4 + 3 = ☐
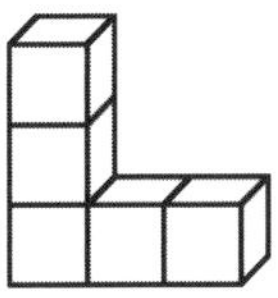	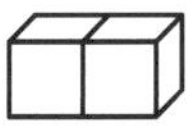	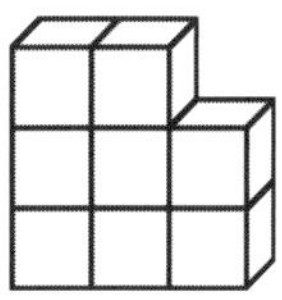	6 + 2 = ☐
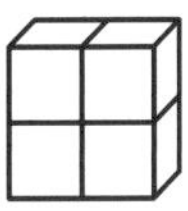	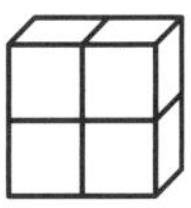	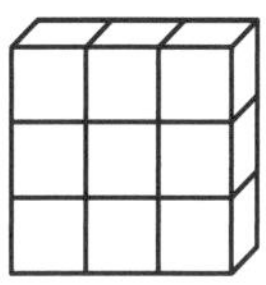	6 + 4 = ☐

Name:

Plusaufgaben

1. Wie viele Plättchen legt der Hase dazu?
Schreibe zu jedem Bild eine Plusaufgabe.

□□□□□ ■■■	■■■■■ ■■	□□□□□ ■■■■■
5 + 3 = □	0 + 7 = □	□ + □ = □
□□□□■ ■■	■■■■	■■■■■ ■■■
□ + □ = □	□ + □ = □	□ + □ = □
□□□□□ □■■	□□□□□ ■■■■	□□□□□ □■■■
□ + □ = □	□ + □ = □	□ + □ = □
□□□■■	□□□□■ ■■■	□□□□□ □□■■
□ + □ = □	□ + □ = □	□ + □ = □

2. Wie viele Augen muss der dritte Würfel haben?
Zeichne die fehlenden Punkte ein und rechne.

Immer 8!	Immer 9!	Immer 10!
⚁ ⚃ □	⚂ ⚄ □	⚂ ⚃ □
2 + 4 + □ = 8	3 + 5 + □ = 9	3 + 4 + □ = 10
⚄ ⚁ □	⚄ ⚁ □	⚂ ⚁ □
5 + 2 + □ = 8	5 + 2 + □ = 9	3 + 2 + □ = 10
⚃ ⚀ □	⚅ ⚀ □	⚃ ⚁ □
4 + 1 + □ = 8	6 + 1 + □ = 9	4 + 2 + □ = 10

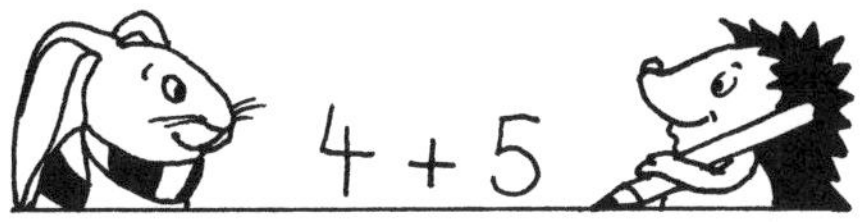

Name:

Tauschaufgaben

□□□□□ ■■■	Aufgabe	5 + 3 = □	
⤫		⤫	
■■■ □□□□□	Tauschaufgabe	3 + 5 = □	

1. Schreibe immer zwei Aufgaben auf.

□□□□□ ■■
■■ □□□□□

5 + 2 = □
2 + 5 = □
2 + 5 = 5 + 2

□□□□■ ■
■ ■□□□□

□ + □ = □
□ + □ = □
□ + □ = □ + □

□□□□□ □■■■
■■■□ □□□□□

□ + □ = □
□ + □ = □
□ + □ = □ + □

□□□□□ □□■■■
■■■□□ □□□□□

□ + □ = □
□ + □ = □
□ + □ = □ + □

□□□□□ ■■■■
■■■■ □□□□□

□ + □ = □
□ + □ = □
□ + □ = □ + □

□□□■■
■■□□□

□ + □ = □
□ + □ = □
□ + □ = □ + □

2. Schreibe die Tauschaufgabe darunter und rechne.

1	+	8	=	
	+		=	

2	+	7	=	
	+		=	

0	+	9	=	
	+		=	

1	+	5	=	
	+		=	

3	+	5	=	
	+		=	

0	+	8	=	
	+		=	

1	+	7	=	
	+		=	

4	+	6	=		
	+		=		

Name:

Plusaufgaben am Zahlenband

0	1	2	3	4	5	6	7	8	9	10

1. Zeichne den Pfeil weiter und rahme die Zahl farbig ein.
Der Hase überlegt: Zuerst stehe ich auf 0. Ich springe 5 vor. Auf welche Zahl komme ich?

2. Zeichne zu jeder Plusaufgabe den passenden Pfeil und rechne.

0	1	2	3	4	5	6	7	8	9	10

0 + 4 = ☐

0	1	2	3	4	5	6	7	8	9	10

6 + 4 = ☐

0	1	2	3	4	5	6	7	8	9	10

3 + 4 = ☐

0	1	2	3	4	5	6	7	8	9	10

7 + 1 = ☐

0	1	2	3	4	5	6	7	8	9	10

1 + 5 = ☐

0	1	2	3	4	5	6	7	8	9	10

3 + 3 = ☐

0	1	2	3	4	5	6	7	8	9	10

2 + 2 = ☐

0	1	2	3	4	5	6	7	8	9	10

6 + 2 = ☐

Name:

Die Hälfte und das Doppelte

Hase und Igel haben Würfelhäuser gebaut.

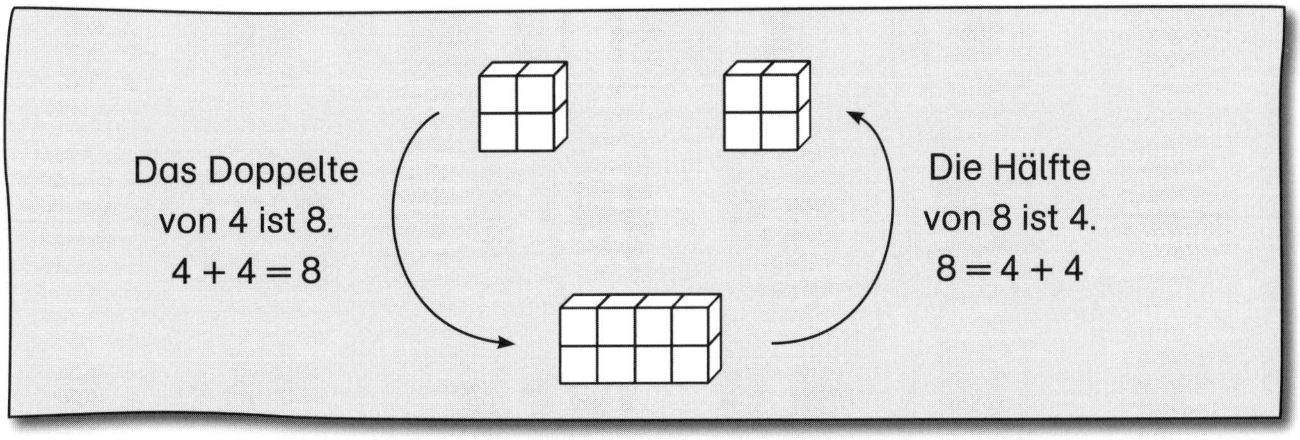

1. Rahme die Hälfte und das Doppelte mit gleicher Farbe ein.

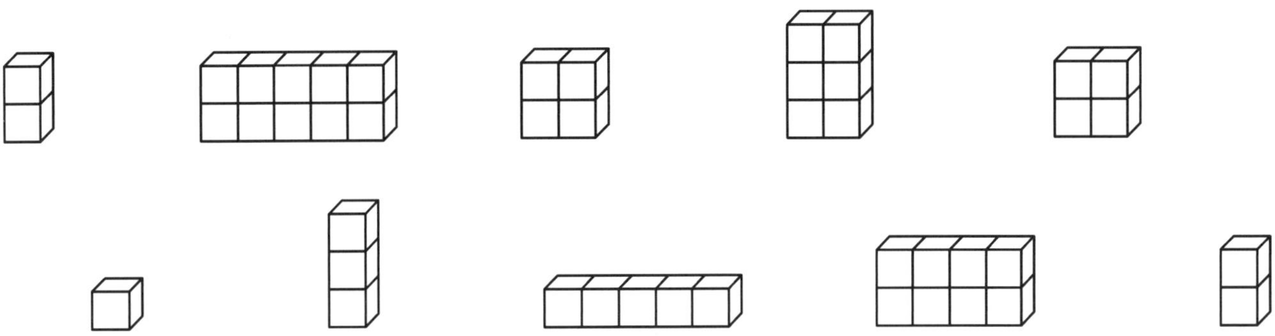

2. Verdopple und halbiere.

1	+	1	=	
2	+	2	=	
3	+	3	=	

4	+	4	=		
5	+	5	=		
0	+	0	=		

6	=	3	+	
2	=		+	
8	=		+	

	4	=			
1	0	=			
	6	=			

Name:

Lange Zahlnamen vergleichen

1. Schreibe den kurzen Zahlnamen dazu. Vergleiche.

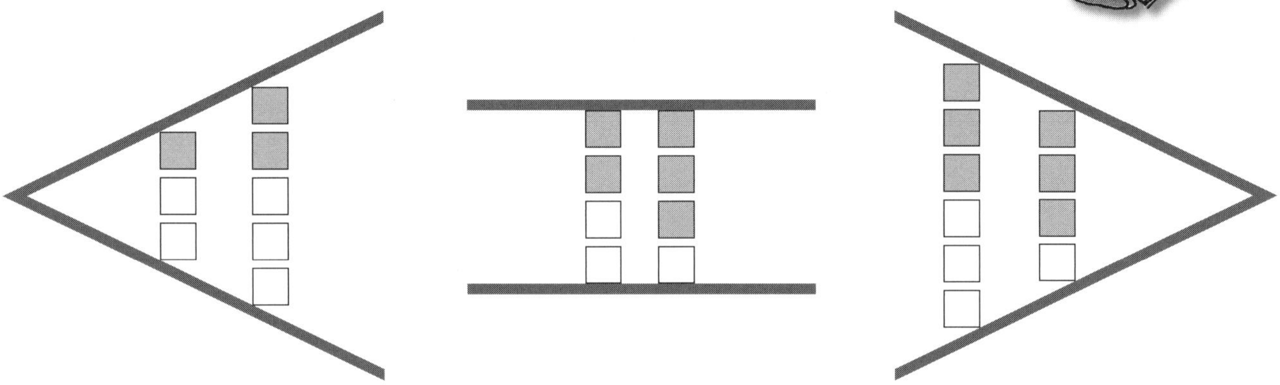

$2 + 1 < 3 + 2$	$2 + 2 = 1 + 3$	$3 + 3 > 1 + 3$
$3 < \square$	$\square = \square$	$\square > \square$

2. Setze ein: $<$ (grün), $>$ (rot) oder $=$

6 + 2 ◯ 4 + 4	5 + 2 ◯ 4 + 2	3 + 2 ◯ 2 + 4
☐ ◯ ☐	☐ ◯ ☐	☐ ◯ ☐
3 + 2 ◯ 4 + 1	0 + 2 ◯ 0 + 4	3 + 3 ◯ 2 + 4
☐ ◯ ☐	☐ ◯ ☐	☐ ◯ ☐
5 + 5 ◯ 4 + 4	5 + 3 ◯ 4 + 4	8 + 2 ◯ 9 + 0
☐ ◯ ☐	☐ ◯ ☐	☐ ◯ ☐
7 + 3 ◯ 10 + 0	2 + 7 ◯ 8 + 0	1 + 9 ◯ 9 + 1
☐ ◯ ☐	☐ ◯ ☐	☐ ◯ ☐
1 + 2 ◯ 4 + 3	4 + 0 ◯ 3 + 1	5 + 0 ◯ 5 + 5
☐ ◯ ☐	☐ ◯ ☐	☐ ◯ ☐

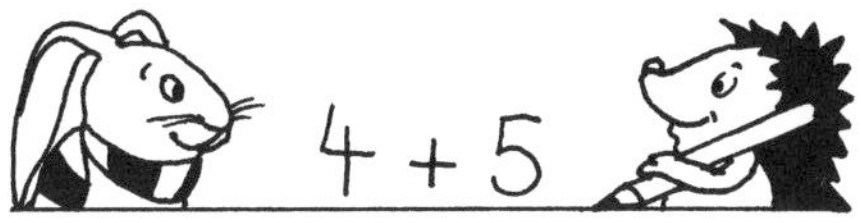

Name:

Wegnehmen

Der freche Hase nimmt von den Häusern des Igels Würfel weg.

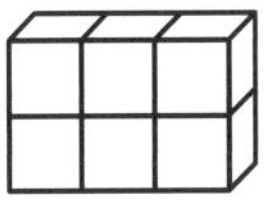	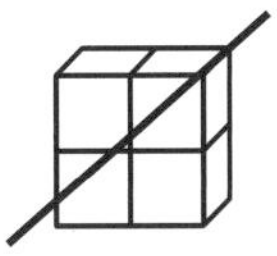	
zuerst 6	**4 weg**	**dann 2 übrig**
6 – 4 = 2 **6 minus 4 ist gleich 2**		

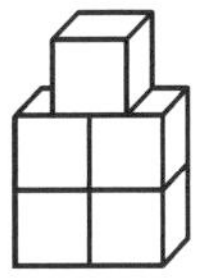	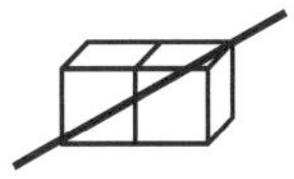	
zuerst 5	**2 weg**	**dann 3 übrig**
☐ - ☐ = ☐		

Welche drei Bilder gehören zusammen? Rahme sie mit der gleichen Farbe ein. Welche Aufgabe passt dazu? Rahme auch sie farbig ein und rechne.

zuerst	weg	dann übrig	Aufgaben
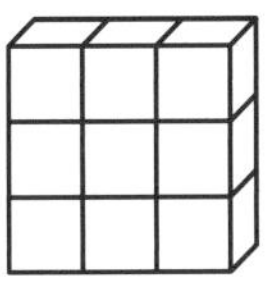	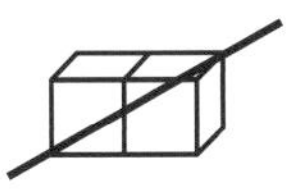	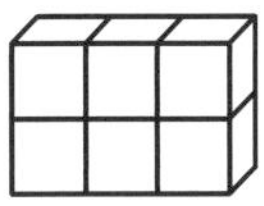	7 – 5 = ☐
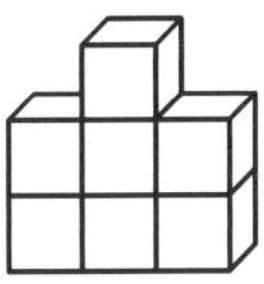	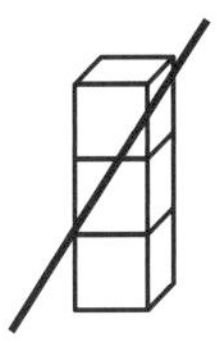	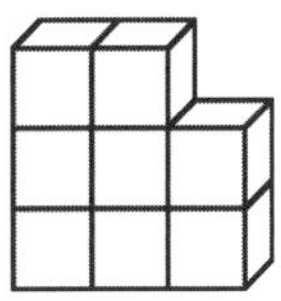	8 – 2 = ☐
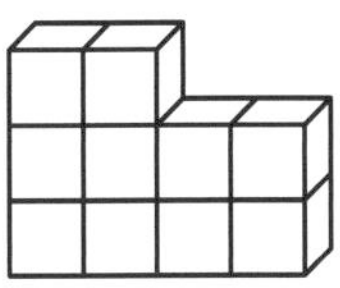	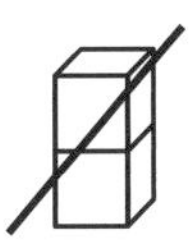	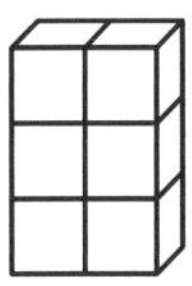	9 – 3 = ☐
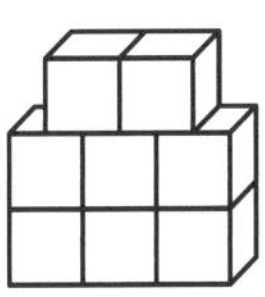	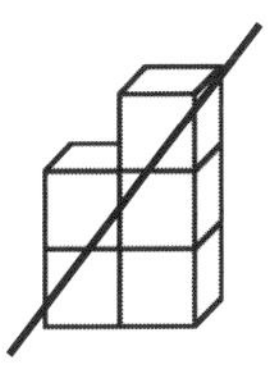		10 – 2 = ☐

Name:

Minusaufgaben (1)

1. Wie viele Würfel nimmt der Hase weg?
Schreibe zu jedem Bild eine Minusaufgabe.

□□□⧄⧄ ⧄⧄⧄	□□□□□ ⧄	□□⧄⧄⧄ ⧄⧄
8 – 5 = □	6 – 1 = □	□ – □ = □
□□□□□ □□⧄⧄	□□□□□ □⧄⧄⧄⧄	□□□□□ ⧄⧄⧄⧄
□ – □ = □	□ – □ = □	□ – □ = □
□⧄⧄⧄⧄ ⧄	□□□□⧄ ⧄⧄⧄	⧄⧄⧄⧄⧄ ⧄⧄
□ – □ = □	□ – □ = □	□ – □ = □

2. Rechne.

Immer 1 weg!	Immer 2 weg!	Immer 3 weg!
10 – 1 = □	10 – 2 = □	10 – 3 = □
9 – 1 = □	9 – 2 = □	9 – 3 = □
8 – 1 = □	8 – 2 = □	8 – 3 = □
7 – 1 = □	7 – 2 = □	7 – 3 = □
6 – 1 = □	6 – 2 = □	6 – 3 = □
5 – 1 = □	5 – 2 = □	5 – 3 = □
4 – 1 = □	4 – 2 = □	4 – 3 = □
3 – 1 = □	3 – 2 = □	3 – 3 = □
2 – 1 = □	2 – 2 = □	
1 – 1 = □		

Name:

Minusaufgaben (2)

1. Streiche weg und rechne.

□⧄⧄⧄⧄

5 − 4 = □

□□□□□ □□□

8 − 1 = □

□□□□□ □

6 − 3 = □

□□□□□ □□□

8 − 4 = □

□□□□□ □

6 − 0 = □

□□□□□ □□□□

9 − 2 = □

□□□□□

5 − 5 = □

□□□□□ □□□□

9 − 6 = □

**2. Der Igel stellt dem Hasen Rechenrätsel:
Wie heißen die nächsten zwei Aufgaben?**

1	0	−	1	=	
	9	−	1	=	
	8	−	1	=	
		−		=	
		−		=	

1	0	−	1	=	
1	0	−	2	=	
1	0	−	3	=	
		−		=	
		−		=	

1	0	−	2	=	
	9	−	2	=	
	8	−	2	=	
		−		=	
		−		=	

1	0	−	5	=	
1	0	−	6	=	
1	0	−	7	=	
		−		=	
		−		=	

	2	−	1	=	
	4	−	2	=	
	6	−	3	=	
		−		=	
		−		=	

	8	−	1	=	
	8	−	2	=	
	8	−	3	=	
		−		=	
		−		=	

1	0	−	4	=	
1	0	−	3	=	
1	0	−	2	=	
		−		=	
		−		=	

	9	−	3	=	
	9	−	4	=	
	9	−	5	=	
		−		=	
		−		=	

Name:

Minusaufgaben am Zahlenband

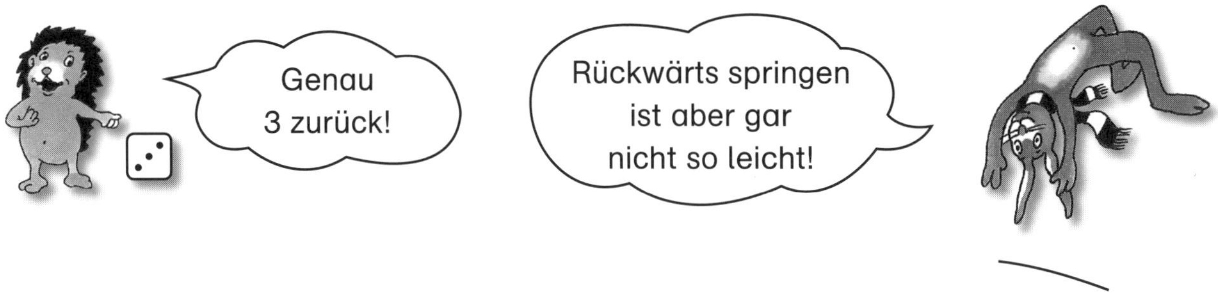

0	1	2	3	4	5	6	7	8	9	10

1. Zeichne den Pfeil weiter und rahme die Zahl farbig ein.

Der Hase überlegt: Zuerst stehe ich auf 10. Ich springe 3 zurück. Auf welche Zahl komme ich?

2. Zeichne zu jeder Minusaufgabe den passenden Pfeil und rechne.

0	1	2	3	4	5	6	7	8	9	10

10 – 4 = ☐

0	1	2	3	4	5	6	7	8	9	10

6 – 1 = ☐

0	1	2	3	4	5	6	7	8	9	10

7 – 2 = ☐

0	1	2	3	4	5	6	7	8	9	10

9 – 6 = ☐

0	1	2	3	4	5	6	7	8	9	10

5 – 4 = ☐

0	1	2	3	4	5	6	7	8	9	10

10 – 5 = ☐

0	1	2	3	4	5	6	7	8	9	10

8 – 7 = ☐

0	1	2	3	4	5	6	7	8	9	10

6 – 6 = ☐

Name:

Umkehraufgaben (1)

2 + 5 = ☐

0	1	2	3	4	5	6	7	8	9	10

7 − 5 = ☐

Der Hase springt vor, dreht sich um und macht den gleichen Sprung zurück.

Der Hase überlegt: Zuerst stehe ich auf 2.
5 vor, dann komme ich auf die Zahl ☐.
Von der Zahl ☐ wieder 5 zurück.
Zum Schluss bin ich auf der Zahl ☐.

Aufgabe	2 + 5 = 7
Umkehraufgabe	7 − 5 = 2

Zeichne zwei Pfeile und schreibe die Umkehraufgabe dazu.

0	1	2	3	4	5	6	7	8	9	10

3 + 5 = ☐ ☐ − 5 = 3

0	1	2	3	4	5	6	7	8	9	10

1 + 8 = ☐ ☐ − ☐ = ☐

0	1	2	3	4	5	6	7	8	9	10

0 + 9 = ☐ ☐ − ☐ = ☐

0	1	2	3	4	5	6	7	8	9	10

4 + 6 = ☐ ☐ − ☐ = ☐

Name:

Umkehraufgaben (2)

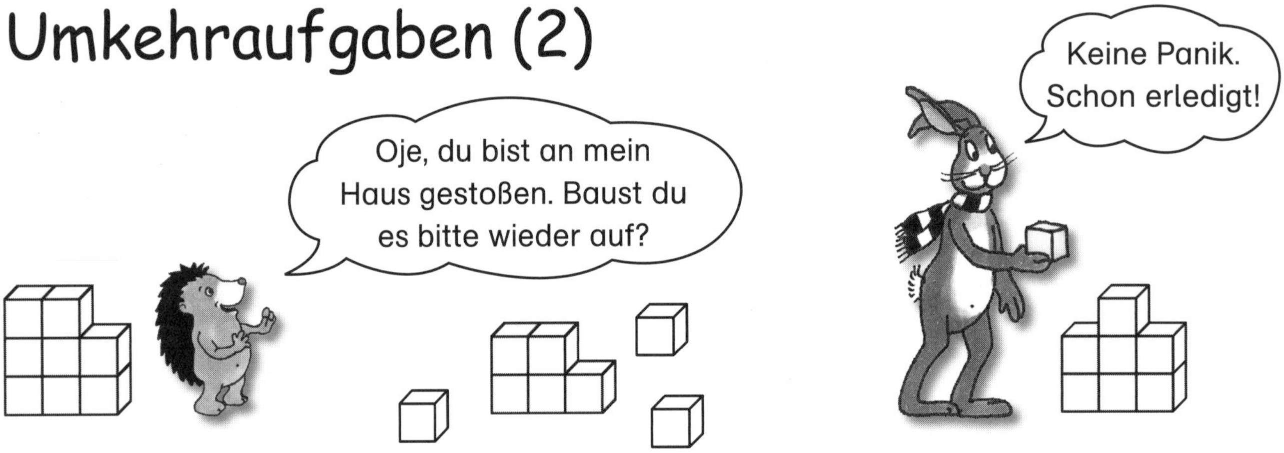

Zuerst: □ Dann: 8 – 3 = □ Zum Schluss wieder: □

↓

Umkehraufgabe: □ + 3 = 8

Schreibe zu jedem Bild die Minusaufgabe und die Umkehraufgabe.

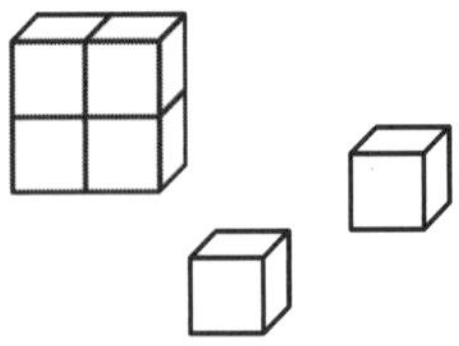

6 – 2 = □

□ + 2 = 6

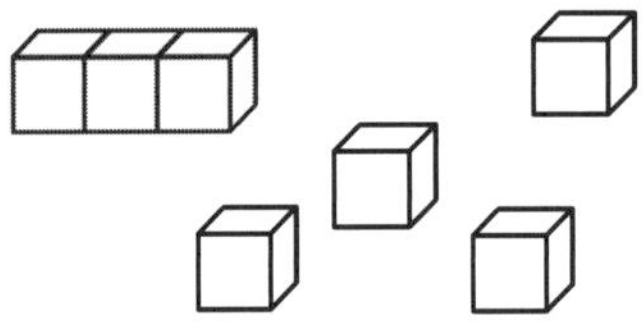

□ – □ = □

□ + □ = □

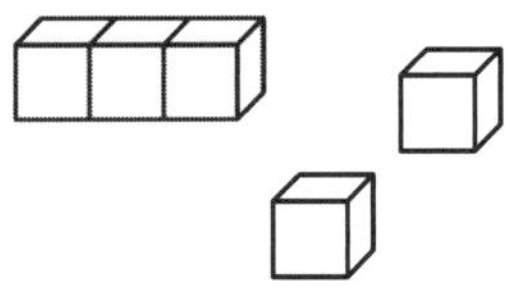

□ – □ = □

□ + □ = □

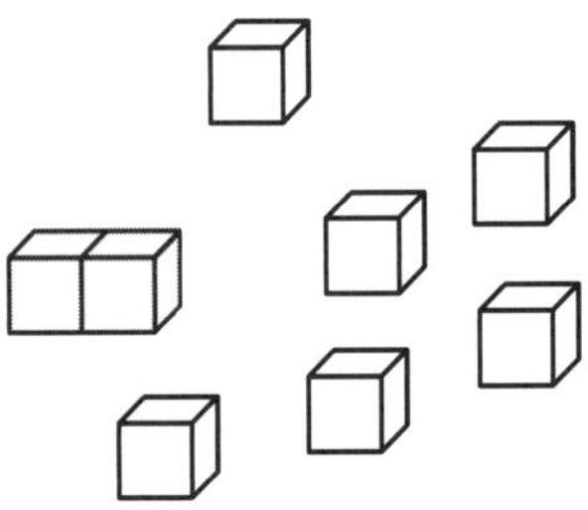

□ – □ = □

□ + □ = □

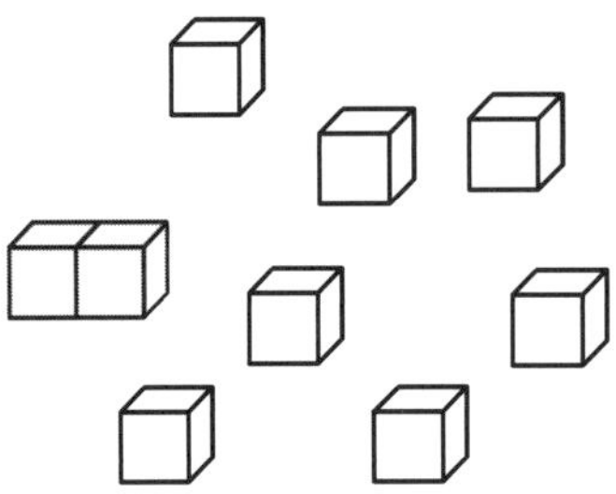

□ – □ = □

□ + □ = □

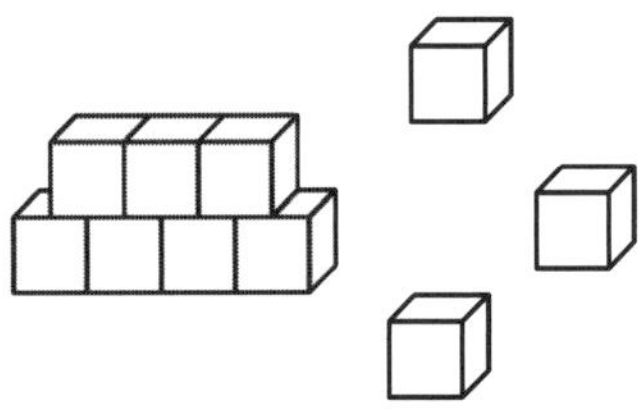

□ – □ = □

□ + □ = □

Domino mit Umkehraufgaben

Schneide die Karten an den gestrichelten Linien aus und lege sie richtig aneinander. Das Ergebnis einer Aufgabe ist die erste Zahl der Umkehraufgabe.

✂

START	10 − 4 = ☐ U ➜	5 + 0 = ☐	10 − 7 = ☐ U ➜
8 − 2 = ☐	5 + 4 = ☐ U ➜	5 + 1 = ☐	5 − 0 = ☐ U ➜
2 + 4 = ☐	5 − 3 = ☐ U ➜	7 + 2 = ☐	5 + 3 = ☐ U ➜
8 − 3 = ☐	7 − 4 = ☐ U ➜	2 + 3 = ☐	10 − 9 = ☐ U ➜
3 + 4 = ☐	6 − 1 = ☐ U ➜	9 − 4 = ☐	7 − 5 = ☐ U ➜
3 + 7 = ☐	6 + 2 = ☐ U ➜	6 + 4 = ☐	9 − 2 = ☐ U ➜
2 + 5 = ☐	6 − 4 = ☐ U ➜	1 + 9 = ☐	**ZIEL**

Name:

Verwandte Aufgaben

6 + 2 = ☐ Umkehraufgabe ☐ − 2 = 6

Tauschaufgabe 2 + 6 = ☐ Umkehraufgabe ☐ − 6 = 2

1. Welche vier Aufgaben gehören zu einer Aufgabenfamilie? Rechne und rahme sie mit der gleichen Farbe ein.

4 + 3 = ☐	6 + 1 = ☐	5 + 3 = ☐	1 + 6 = ☐
2 + 6 = ☐	7 − 4 = ☐	8 − 2 = ☐	8 − 3 = ☐
3 + 5 = ☐	8 − 6 = ☐	3 + 4 = ☐	6 + 2 = ☐
7 − 6 = ☐	8 − 5 = ☐	7 − 1 = ☐	7 − 3 = ☐

2. Schreibe die fehlenden Aufgaben auf.

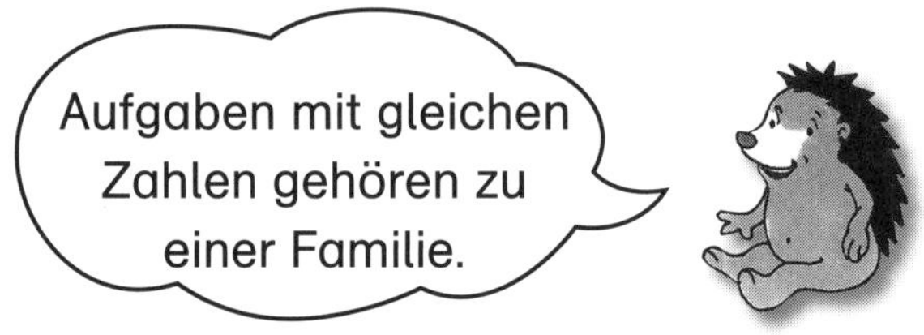

U	Aufgabe	T	U
☐ − 3 = 6	6 + 3 = ☐	3 + 6 = ☐	☐ − 6 = 3
	4 + 2 = ☐		
	9 + 1 = ☐		
		2 + 8 = ☐	
		4 + 5 = ☐	

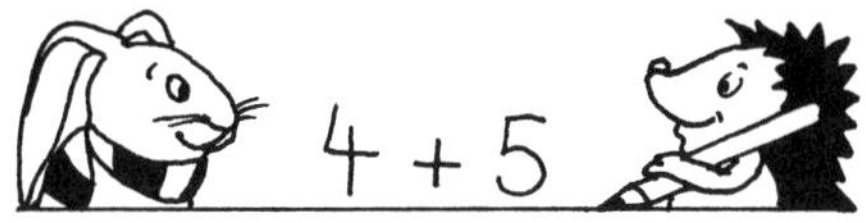

Name:

Nachbaraufgaben

1. Rechne.

(1 weg ← 0 + 2 → 1 dazu; 1 dazu: 0 + 1 → 1 + 1 → 2 + 1; 1 weg ← 2 + 2 → 1 dazu)

0 + 1 = ☐	0 + 2 = ☐	0 + 3 = ☐
1 + 1 = ☐	1 + 2 = ☐	1 + 3 = ☐
2 + 1 = ☐	2 + 2 = ☐	2 + 3 = ☐

2. Rechne zuerst die Aufgaben in der grauen Spalte.
Suche dann die übrigen Zahlen und Aufgaben.

0 + ☐ = ☐	0 + 5 = ☐	0 + ☐ = ☐	☐ + ☐ = ☐
1 + ☐ = ☐	1 + 5 = ☐	1 + ☐ = ☐	☐ + 7 = ☐
2 + 4 = ☐	2 + 5 = ☐	2 + 6 = ☐	☐ + ☐ = ☐

☐ + 2 = ☐	4 + 3 = ☐	4 + ☐ = ☐	4 + ☐ = ☐
☐ + 2 = ☐	5 + 3 = ☐	5 + 4 = ☐	☐ + ☐ = ☐
6 + ☐ = ☐	6 + 3 = ☐	6 + ☐ = ☐	

☐ + 0 = ☐	2 + ☐ = ☐	2 + 2 = ☐	2 + ☐ = ☐
☐ + 1 = ☐	3 + ☐ = ☐	3 + 3 = ☐	3 + ☐ = ☐
☐ + 2 = ☐	4 + ☐ = ☐	4 + 4 = ☐	4 + 5 = ☐
5 + ☐ = ☐	5 + 4 = ☐	5 + 5 = ☐	

Name:

Rechengeschichten: Plus oder Minus?

Erzähle und rechne.

(1)

(2)

(3)

(4)

(5)

(6)

(7)

(8)

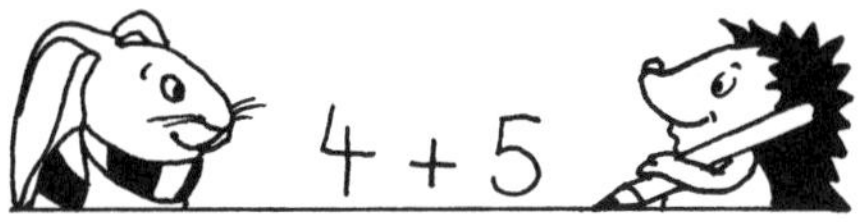

Name:

Lange Rechengeschichten

1. Erzähle und rechne.

7 + 2 = 9 9 − 4 = 5

7 + 2 − 4 = 5

2. Mache aus zwei Aufgaben eine Aufgabe.

1. Aufgabe

	5	+	3	=	
1	0	−	7	=	
	9	−	5	=	
	6	+	2	=	

2. Aufgabe

8	−	6	=	
3	+	2	=	
4	+	3	=	
8	−	3	=	

5	+	3	−	6	=		

3. Kannst du die langen Aufgaben schon im Kopf rechnen?

1 + 5 + 3 = ☐	10 − 4 − 2 = ☐	10 − 6 + 2 = ☐
4 + 0 + 5 = ☐	10 − 1 − 6 = ☐	5 + 4 − 6 = ☐
3 + 2 + 3 = ☐	10 − 3 − 5 = ☐	10 − 9 + 5 = ☐

3. Kapitel: Die Zahlen bis 20

Vorbemerkung

Auch wenn viele Kinder bereits über die Zahl 10 hinaus weiterzählen können, bedeutet das nicht, dass sie das Aufbauprinzip des Zahlensystems verstanden haben. Beim Bündeln erhalten die Kinder einen ersten Einblick in das dekadische Stellenwertsystem: Zehn Einer werden zusammengefasst und in einen Zehner umgewechselt. Die Stellentafel zeigt übersichtlich die unterschiedlichen Ziffernwerte. Die Zahlen des zweiten Zehners werden mit den Zahlen des ersten Zehners verglichen und davon abgeleitet, z. B.: Die Zahl fünf-zehn besteht aus einer Zehn und einer Fünf. Beim Erfassen der Zahlen 13 bis 19 ergeben sich für manche Kinder aus der gegenläufigen Sprech- und Schreibweise Schwierigkeiten.

Die Unregelmäßigkeiten der Zahlen 11 (eigentlich „eins-zehn"), 12 (eigentlich „zwei-zehn") und 20 (eigentlich „zehn-zehn") lassen sich historisch erklären: 11 hieß althochdeutsch „einlif" und 12 „zweilif", wobei „lif" „über" bedeutet, also 1 bzw. 2 über 10. Die Bezeichnung 20 stammt von althochdeutsch „zweinzig" ab, wobei „zig" „Zehner" bedeutet, also „zweimal zehn". Damit ordnen sich auch diese Zahlen in die Zahlreihe ein.

Hinweise zu den Kopiervorlagen

Lerninhalte
- Schätzen von Anzahlen und Bestimmen von Anzahlen durch Zählen
- Gliedern von Mengen in Fünfer und Zehner als Strategie zur Anzahlbestimmung
- Verstehen des dekadischen Aufbaus der Zahlen durch dekadisches Bündeln
- Lesen und Schreiben der Zahlen bis 20

KV Seite 62

Zehnerbündel
Die Hinführung zum Zahlenraum bis 20 kann mithilfe von Rechengeld und unter Verwendung der Kopiervorlage „Einer in Zehner wechseln" (Seite 118) erfolgen. Beim Wechseln der 1-Cent-Münzen in eine 10-Cent-Münze wird das Stellenwertsystem veranschaulicht.

Im Anschluss daran wird den Schülern anhand der Kopiervorlage der Unterschied zwischen der Sprech- und der Schreibweise der Zahlen bewusst gemacht. Sprechen Sie dabei die Einer, also z. B. die „fünf" von „fünfzehn", besonders betont. Anhand der Abbildung erkennen die Schüler, dass die auf die Null des Zehners aufgelegten Einer anzeigen, wie viele Einer zum Zehner dazukommen.

Achten Sie darauf, dass sich die Kinder von Anfang an an die umgekehrte Schreibweise „zuerst den Zehner, dann die Einer" halten. So können spätere Schwierigkeiten beim Schreiben größerer Zahlen und bei der Eingabe von Zahlen in den Taschenrechner und am Computer vermieden werden.

Bei der zweiten Aufgabe gewinnen die Kinder durch das Bündeln in Zehner und das Eintragen der Bündelergebnisse in eine Stellentafel Einsicht in den dekadischen Zahlaufbau. Da sich die Kinder beim Zusammenfassen von zehn (oder mehr) Dingen oft verzählen, wird der Zehner zuerst in zwei Fünfer untergliedert. Erklären und zeigen Sie diese Arbeitstechnik deshalb am besten an der Tafel: „Zuerst jeweils fünf Dinge mit Strichen verbinden, dann zwei Fünfer einkreisen."

Lösung
Aufgabe 2:

	10	1
13	1	3

	10	1
12	1	2

	10	1
17	1	7

	10	1
14	1	4

Weiterführende Vorschläge
- Die Kinder können das handelnde Bündeln auf vielfältige Art und Weise üben, z. B. indem sie zehn Stifte mit einem Gummiband zusammenfassen, zehn Eier (aus Styropor oder Plastik) in eine Zehnerschachtel füllen, zehn Spielwürfel in eine Reihe legen oder Zehnerhäuser und Zehnertürme aus Steckwürfeln bauen. Dabei versprachlichen die Kinder immer ihre Handlung, z. B.: „Ich habe ein Zehnerhaus gebaut, fünf Würfel bleiben übrig. Zusammen sind es 15 Würfel."
- Als umgekehrte Übung trainieren die Kinder das Entbündeln, indem sie in Partnerarbeit die entsprechende Anzahl von Plättchen auf den Tisch legen und die dazugehörende Zahl benennen, z. B.: „14 → 1 Zehnerreihe, 4 Einzelne, das sind zusammen 14."

KV Seite 63

Zehnerketten
Die Kinder strukturieren die ungeordnete Menge Perlen bzw. Plättchen so, dass sich die Gesamtzahl leicht erfassen lässt. Beim handelnden und zeichnerischen Bündeln vertiefen sie ihre Einsicht in den dekadischen Zahlaufbau.

Lösung

10 + 5 = 15   10 + 2 = 12
10 + 6 = 16   10 + 8 = 18
10 + 10 = 20   10 + 3 = 13

Weiterführender Vorschlag
Die Kinder führen mit Strichlisten weitere Zählübungen an der Tafel durch, z. B.:

Unsere Klasse			
			zusammen
So viele Kinder sind in der Klasse:			
So viele Kinder lesen gerne:			
So viele Kinder rechnen gerne:			
So viele Kinder können schwimmen:			

Daran schließen sich Vergleiche an: Sind es jeweils mehr Jungen oder mehr Mädchen?

Unser Klassenzimmer				
				...

Die Zahlen bis 20

Bei der ersten Aufgabe sind die Mengen jeweils in Fünfergruppen strukturiert, was eine schnelle Anzahlerfassung ermöglicht. Die Kinder ordnen diese Mengen der Anzahl nach, indem sie sie der Reihe nach von der kleinsten (10) zur größten (20) verbinden. Dabei ist es sinnvoll, wenn die Kinder bei der Kontrolle die Zahlenreihe von 10 bis 20 nennen. Anschließend verfolgen sie den Weg des Hasen mit dem Finger rückwärts von der größten zur kleinsten Zahl und zählen dabei.

Lassen Sie die Schüler immer wieder auch rückwärts zählen. Während nämlich das Vorwärtszählen oft mechanisch erfolgt, erfordert das Rückwärtszählen bewusstes Nachdenken.

Die zweite Aufgabe macht die Analogie zwischen der „kleinen" Zahlreihe bis 10 und der „großen" Zahlreihe bis 20 bewusst.

Lösung
Aufgabe 1:

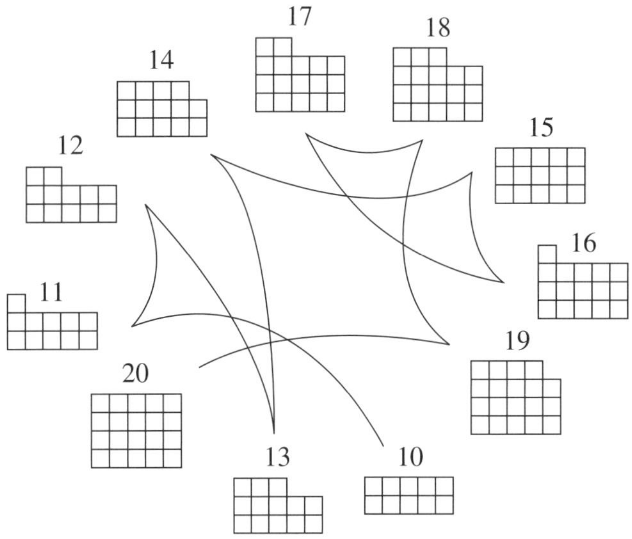

Spiele mit Zahlen

Auf der Kopiervorlage sind die Zahlen von 11 bis 20 jeweils in drei unterschiedlichen Darstellungsformen auf Kärtchen abgebildet: anschaulich als Zahlbilder, als „kurzer Zahlname" (z. B. 14) und als „langer Zahlname" (z. B. 10 + 4). Die Kärtchen können für verschiedene Spiele, die das Zahlverständnis trainieren, eingesetzt werden.

Bingo
Für dieses Spiel werden die Zahlbilder und die „kurzen Zahlnamen" als Tafeln zu je 3 mal 3 Kärtchen ausgeschnitten. Sie dienen als Legetafeln für das Spiel. Die „langen Zahlnamen" werden in neun einzelne Kärtchen zerschnitten.

Variante 1: Die Kinder legen die Legetafel mit den Zahlbildern vor sich auf den Tisch. Nennen Sie nun schnell hintereinander Zahlen von 10 bis 20 (auch nicht vorhandene Zahlen). Die Schüler legen jeweils das Kärtchen mit dem „langen Zahlnamen" auf das entsprechende Zahlbild.

Variante 2: Die Kinder legen die Legetafel mit den „kurzen Zahlnamen" vor sich hin. Nennen Sie nun Stellenwerte, z. B. „1 Zehner 4 Einer" (auch von nicht vorhandenen Zahlen). Die Schüler legen jeweils das Kärtchen mit dem „langen Zahlnamen" auf das Feld des „kurzen Zahlnamens".

Wer eine senkrechte Dreierreihe belegt hat, ruft „Bingo!" und hebt seinen Arm. Diese Kinder erhalten einen Punkt in Form eines Würfels o. Ä. Die Kinder räumen die Legetafel wieder ab und eine neue Runde beginnt. Zum Schluss werden die Punkte gezählt.

Zahlentrio
Die Kinder zerschneiden sowohl die Zahlbilder als auch die „kurzen Zahlnamen“ und die „langen Zahlnamen“ in einzelne Kärtchen. Dieses Spiel ist für zwei bis drei Kinder geeignet.

Ein Kind mischt alle Kärtchen und legt auf dem Tisch zwölf Karten als 3-mal-4-Feld aus. Die übrigen Karten werden verdeckt auf einen Stapel gelegt. Jedes Kind überprüft, ob auf dem ausgelegten Feld drei Karten zusammenpassen (Zahlbild – „kurzer Zahlname“ – „langer Zahlname“) und ein „Trio“ bilden. Wer drei passende Karten gefunden hat, ruft „Trio!“, nimmt die drei Karten und legt sie nebeneinander vor sich auf den Tisch, damit die Mitspieler es überprüfen können. Hat der Spieler recht, nimmt er die Karten und sammelt sie bei sich. Dann ergänzt er das Feld in der Mitte vom Stapel wieder auf zwölf Karten. Lässt sich aus den zwölf Karten in der Mitte kein Trio bilden, werden drei weitere Karten ausgelegt, sodass ein 3-mal-5-Feld entsteht. Wenn alle Karten aufgebraucht sind, zählen alle Spieler ihre Karten. Wer die meisten Karten hat, gewinnt. Anschließend können die Kinder die Trios in ihr Heft kleben.

Lerninhalte
- Lesen und Schreiben der Zahlen bis 20
- Zerlegen der Zahlen bis 20 auf verschiedene Weise
- Ordnen von Zahlen und Bilden von Zahlfolgen
- Benennen der kleinen und großen Nachbarzahl
- Vergleichen von Zahlen und Rechenausdrücken mit den Zeichen <, >, =

KV Seite 66–71

Die Zahlen 12, 14, 15, 16, 18 und 20

Im Hinblick auf die in den folgenden Schuljahren zu erlernenden Einmaleinsreihen werden die Zahlen, die Vielfache sind, separat bearbeitet. Zahlbeziehungen können so langfristig besser verinnerlicht werden. Die Zahlen 11, 13, 17 und 19 haben als Primzahlen keinen Teiler außer 1 und sich selbst und werden daher nicht gesondert behandelt.

Wie bereits bei der Einführung der Zahlen bis 10 sind die folgenden sechs Kopiervorlagen nach demselben Muster aufgebaut.

Aufgabe 1
Hier wird die Stellung der behandelten Zahl in der Zahlenreihe gezeigt. Die Kinder ergänzen die fehlenden Zahlen. Lassen Sie zu jeder Zahl die Nachbarzahlen angeben, z. B.: „Die kleine Nachbarzahl von 12 ist 11. Die große Nachbarzahl von 12 ist 13.“ Außerdem sollen die Schüler alle Zahlen vor bzw. nach der Zahl nennen, z. B.: „Vor der 12 sind die Zahlen 1, 2, 3, …, 11. Nach der 12 sind die Zahlen 13, 14, …, 20.“ Weiterhin können die Kinder bei jeder Zahl üben, ab 1 in Zweier- und Dreierschritten zu zählen. Wenn die aktuelle Zahl dabei genannt wird, deuten sie auf die Zahl. Ausgehend von dieser Übung kann auch rückwärts gezählt werden.

Aufgabe 2
Das Zahlenbild der entsprechenden Zahl steht bei dieser Übung im Vordergrund. Die Kinder streichen überzählige Kästchen bzw. Würfel weg oder malen fehlende Kästchen bzw. Würfelaugen dazu.

Aufgabe 3
Das Zerlegen der entsprechenden Zahl bereitet auf das spätere Addieren und Subtrahieren vor. Dabei werden sowohl Zerlegungen in zwei als auch in drei Summanden, bei denen jeweils zwei Zahlen gleich sind, aufgegriffen. Die Kinder können sich diese Zerlegungen handelnd erarbeiten, indem sie die jeweils vorgegebene Anzahl von Würfeln oder Plättchen (12, 14 …) der vorgegebenen Zerlegung entsprechend gruppieren und so die fehlende Zahl finden.

Lösung Seite 66
Aufgabe 2:

15 – 3 = 12	17 – 5 = 12	20 – 8 = 12
10 + 2 = 12	16 – 4 = 12	11 + 1 = 12

Lösung Seite 67
Aufgabe 2:

15 – 1 = 14	16 – 2 = 14	20 – 6 = 14
12 + 2 = 14	11 + 3 = 14	10 + 4 = 14

Lösung Seite 68
Aufgabe 2:

18 – 3 = 15	16 – 1 = 15	20 – 5 = 15
12 + 3 = 15	11 + 4 = 15	10 + 5 = 15

Lösung Seite 69
Aufgabe 2:

18 – 2 = 16	20 – 4 = 16	19 – 3 = 16
12 + 4 = 16	11 + 5 = 16	12 + 4 = 16

Lösung Seite 70
Aufgabe 2:

20 – 2 = 18	18 – 0 = 18	19 – 1 = 18
12 + 6 = 18	15 + 3 = 18	14 + 4 = 18

Lösung Seite 71

Aufgabe 2:

15 + 5 = 20   16 + 4 = 20   20 + 0 = 20
12 + 8 = 20   13 + 7 = 20   17 + 3 = 20

Weiterführender Vorschlag

Die Schüler legen zu jeder Zahl Reihen mit entsprechend vielen Quadraten, Dreiecken oder Kreisen an, die sie als „Muster" farbig gestalten. Dabei sollten sie möglichst alle Teiler finden. Zur Zahl 12 könnte das z. B. so aussehen:

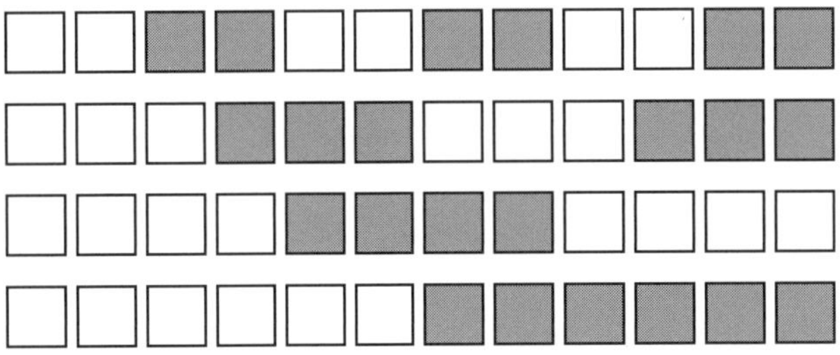

Lerninhalte

- Vergleichen von Zahlen und Rechenausdrücken mit den Zeichen <, >, =
- Ordnen von Zahlen und Bilden von Zahlfolgen
- Benennen der kleinen und großen Nachbarzahl

KV Seite 72

Zahlen vergleichen

Mithilfe der Fünferstruktur können die Kinder die Anzahl der Plättchen bei der ersten Aufgabe leicht ermitteln. Anschließend setzen sie das entsprechende Zeichen <, >, = zwischen die beiden Zahlen.

Bei der zweiten Aufgabe werden nicht nur „kurze Zahlnamen", sondern in den letzten beiden Spalten auch „lange Zahlnamen" verglichen.

Lösung

Aufgabe 1:

17 > 13; 17 < 18
17 < 19; 19 = 19

Aufgabe 2:

3 < 4	9 > 6	16 > 14	16 + 1 < 19	14 – 1 > 12
13 < 14	19 > 16	19 > 10	12 + 1 > 11	19 – 1 = 18
7 > 4	7 < 9	19 < 20	15 + 1 < 18	15 – 1 > 11
17 > 14	17 < 19	17 < 18	17 + 1 = 18	18 – 1 > 16
5 > 4	1 < 10	10 > 0	11 + 1 > 11	17 – 1 = 16
15 > 14	11 < 20	10 < 20	13 + 1 = 14	12 – 1 > 10

KV Seite 73

Vorgänger und Nachfolger

Die Begriffe „Vorgänger" für die kleine Nachbarzahl und „Nachfolger" für die große Nachbarzahl sind in den Lehrplänen nicht offiziell vorgeschrieben. Allerdings beschreiben diese Ausdrücke den Sachverhalt anschaulich und erleichtern den Kindern dadurch häufig die Verständigung. Darüber hinaus werden sie im zweiten Schuljahr bei den Zahlen bis 100 verwendet (Zehnernachfolger, Einervorgänger).

Lösung

Aufgabe 1:

13

Aufgabe 2:

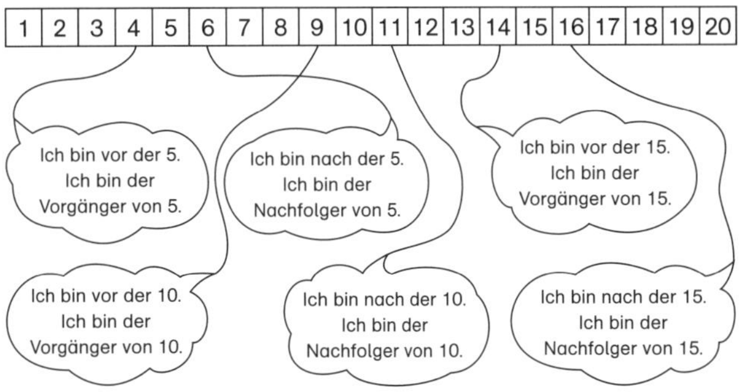

Aufgabe 3:

V		N
13	14	15
3	4	5
11	12	13

V		N
17	18	19
0	1	2
10	11	12

V		N
12	13	14
18	19	20
14	15	16

V		N
9	10	11
16	17	18
15	16	17

Weiterführender Vorschlag

Das folgende Spiel ist zur Hinführung oder zur Vertiefung der Nachbarzahlen geeignet und ermöglicht eine Bewegungsphase im Unterricht: 10 (bzw. 20) Kindern wird auf dem Rücken eine Karte mit einer Zahl zwischen 11 und 20 (bzw. 1 und 20) so befestigt, dass sie die Zahl nicht erkennen können. Die übrigen Kinder ohne Karte gehen herum und „erklären" einem Kind seine Zahl als Rätsel, z. B.: „Deine Zahl ist größer als 16, aber kleiner als 18." Oder: „Der Vorgänger deiner Zahl ist 16, der Nachfolger deiner Zahl ist 18." Wenn das Kind daraufhin seine Zahl richtig nennt, gibt es seine Karte dem anderen Kind. Welches Kind kann die meisten Karten sammeln?

Name:

Zehnerbündel

1. Zähle mit dem Hasen von 11 bis 19.

10 1	10 2	10 3	10 4	10 5	10 6	10 7	10 8	10 9
elf	zwölf	**drei-** zehn	**vier-** zehn	**fünf-** zehn	**sech-** zehn	**sieb-** zehn	**acht-** zehn	**neun-** zehn

2. Wo sind die meisten Rüben? Schätze und rahme das Bild grün ein. Zähle dann und fülle die Tabellen aus.

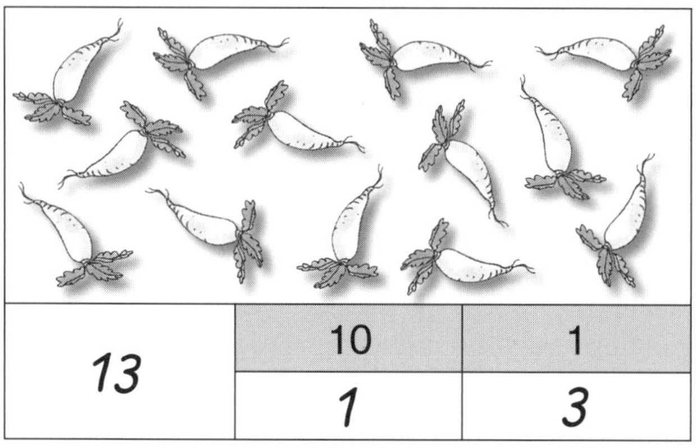

	10	1
13	1	3

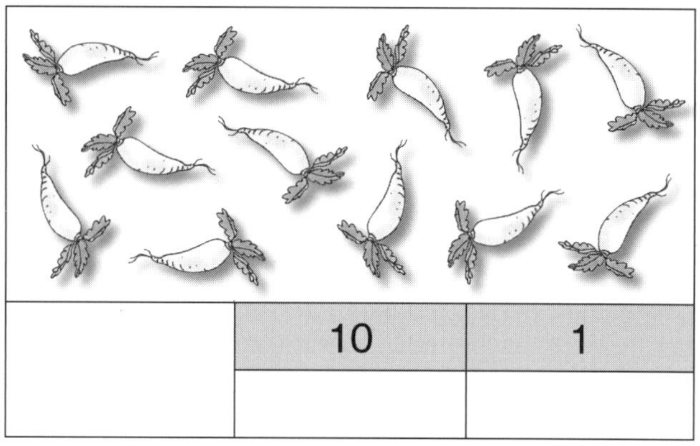

	10	1

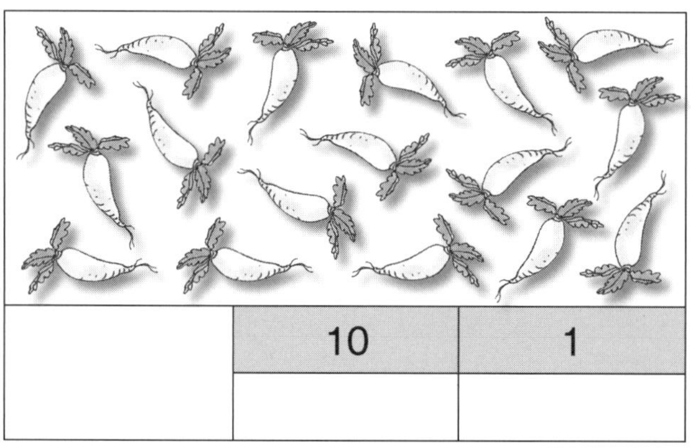

	10	1

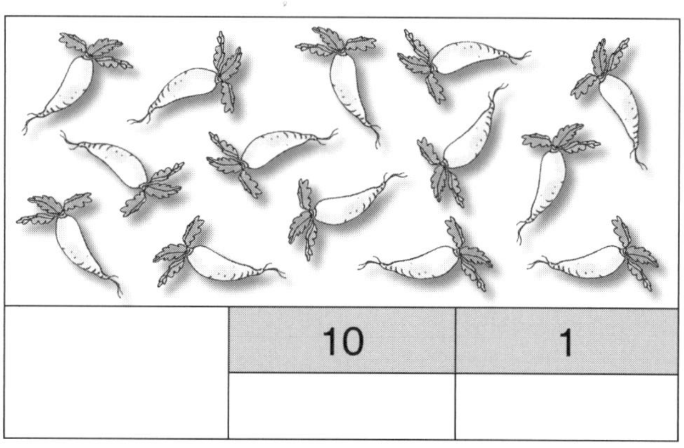

	10	1

Zehnerketten

Der Hase macht aus Perlen Ketten.

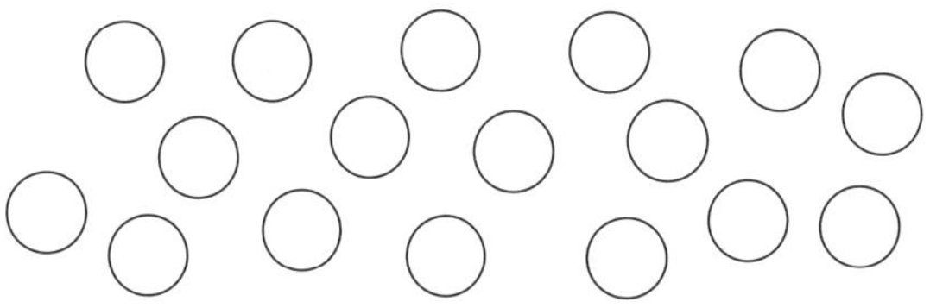

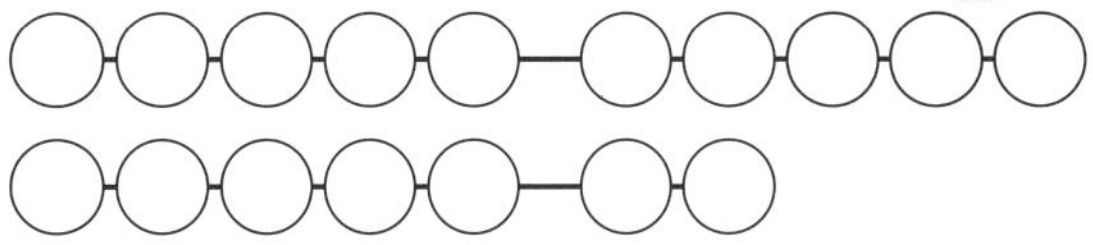

10 + 7 = 17

Streiche Perle für Perle durch und zeichne die Ketten darunter.

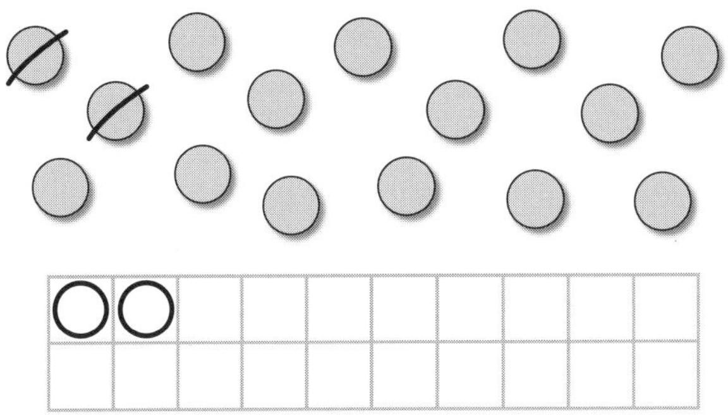

10 + ☐ = ☐

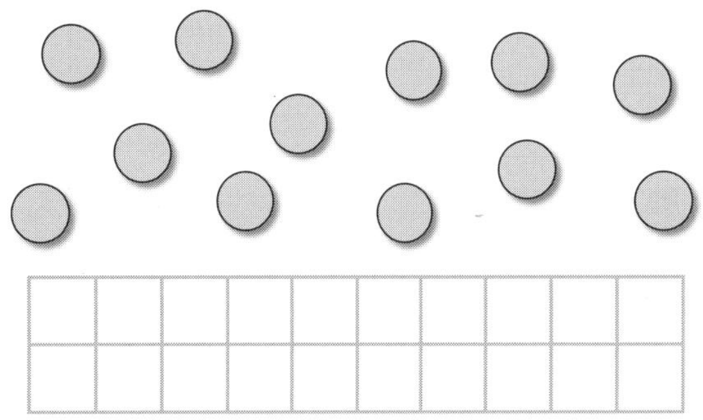

10 + ☐ = ☐

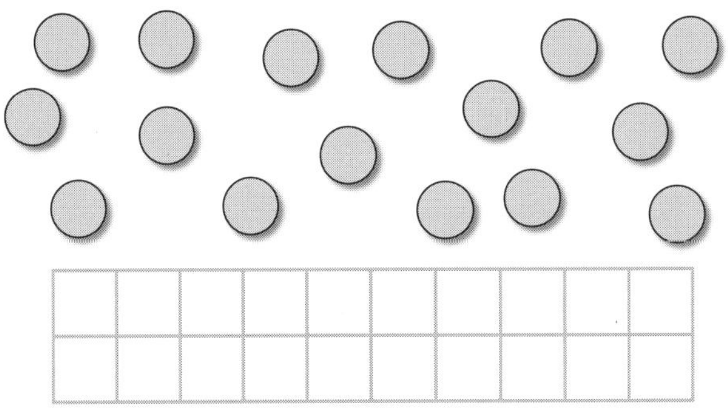

10 + ☐ = ☐

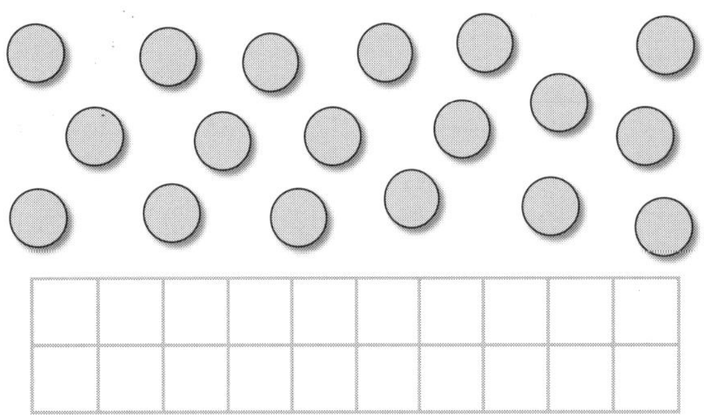

10 + ☐ = ☐

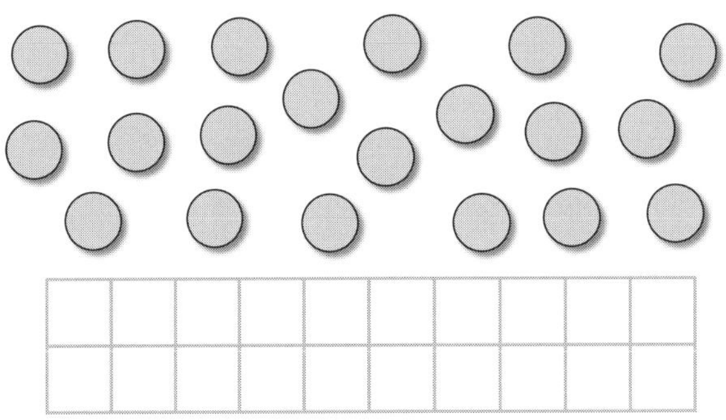

10 + ☐ = ☐

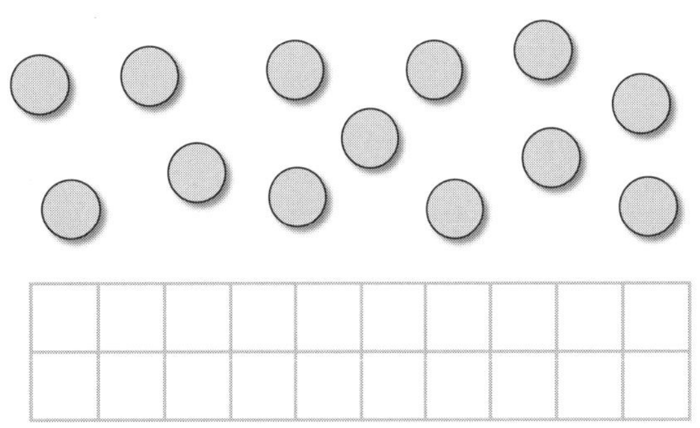

10 + ☐ = ☐

Name:

Die Zahlen bis 20

Der Hase läuft immer zum nächstgrößeren Haus.

1. Verbinde die Häuser in der richtigen Reihenfolge.

2. Trage die fehlenden Zahlen ein.

eins	zwei	drei	vier	fünf
1	2			5
11		13		
elf	zwölf	drei-zehn	vier-zehn	fünf-zehn

sechs	sieben	acht	neun	zehn
			9	
16				20
sech-zehn	sieb-zehn	acht-zehn	neun-zehn	zwan-zig

Spiele mit Zahlen

✂

□□□□ □□□□□ □□□□□	□□□□□ □□□□ □□□□□ □□□□□	□□□□□ □□□□□ □□□□□
□□□□□ □ □□□□□ □□□□□	□□□□□ □□ □□□□□ □□□□□	□□ □□□□□ □□□□□
□ □□□□□ □□□□□	□□□□□ □□□□□ □□□□□ □□□□□	□□□□□ □□□ □□□□□ □□□□□
 19	 14	 18
 16	 11	 12
 17	 20	 15
10 + 4 	10 + 6 	10 + 2 
10 + 9 	10 + 7 	10 + 5 
10 + 1 	10 + 10 	10 + 8 

Name:

Die Zahl 12

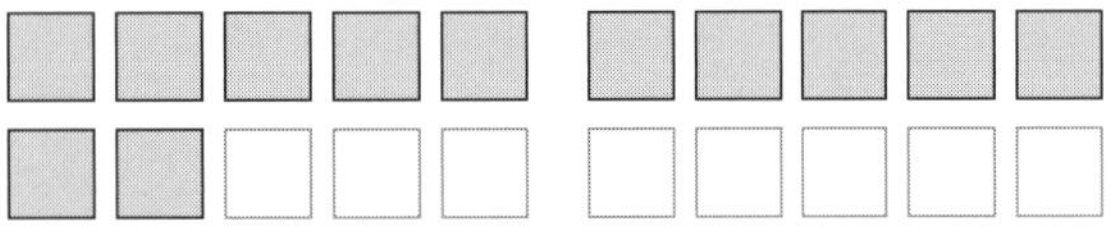

1. Setze die fehlenden Zahlen ein.

9			12			15			18		20

2. Immer 12! Streiche weg oder male dazu.

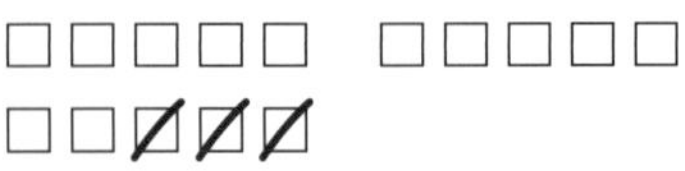

15 – *3* = ☐

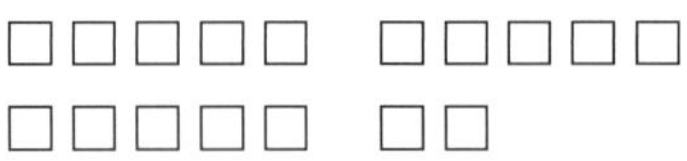

☐ – ☐ = ☐

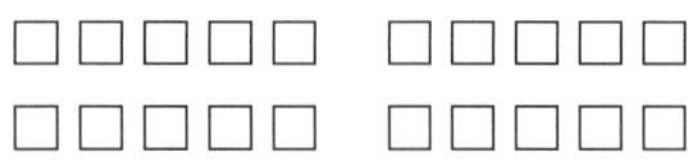

☐ – ☐ = ☐

10 + ☐ = *12*

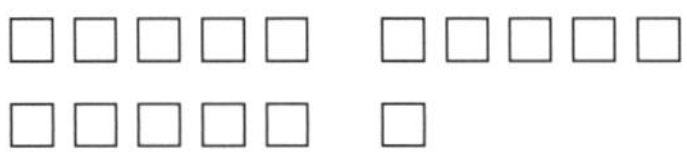

☐ – ☐ = ☐

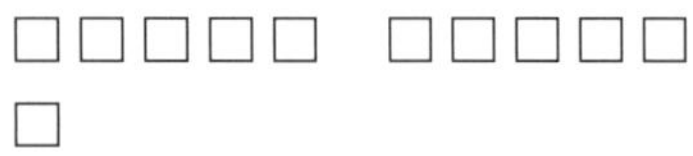

☐ + ☐ = ☐

3. Zerlege.

12	12	12	12
10 + ☐	9 + ☐	3 + ☐	6 + 6 + ☐
11 + ☐	8 + ☐	4 + ☐	5 + 5 + ☐
12 + ☐	7 + ☐	5 + ☐	4 + 4 + ☐

Name:

Die Zahl 14

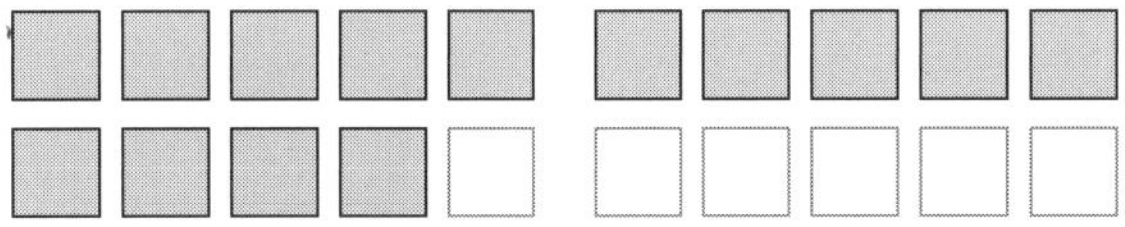

1. Setze die fehlenden Zahlen ein.

9					14						20

2. Immer 14! Streiche weg oder male dazu.

15 – 1 = ☐   ☐ – ☐ = ☐   ☐ – ☐ = ☐

12 + ☐ = 14   ☐ + ☐ = ☐   ☐ + ☐ = ☐

3. Zerlege.

14	14	14	14
10 + ☐	9 + ☐	5 + ☐	7 + 7 + ☐
11 + ☐	8 + ☐	4 + ☐	6 + 6 + ☐
12 + ☐	7 + ☐	3 + ☐	5 + 5 + ☐
13 + ☐	6 + ☐	2 + ☐	4 + 4 + ☐

Name:

Die Zahl 15

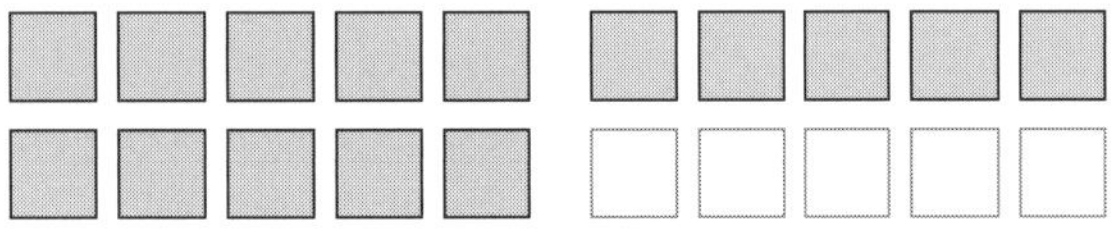

1. Setze die fehlenden Zahlen ein.

9			12			15					20

2. Immer 15! Streiche weg oder male dazu.

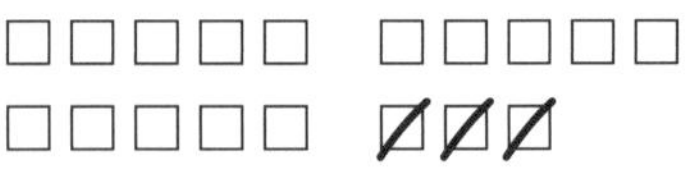

18 – ☐ = 15

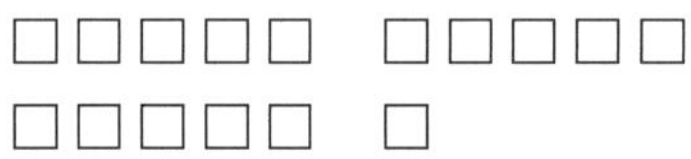

☐ – ☐ = ☐

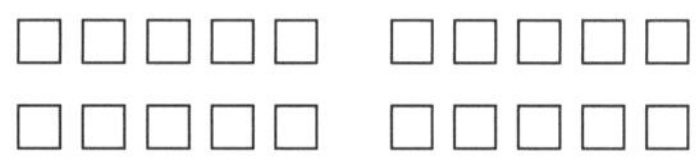

☐ – ☐ = ☐

12 + ☐ = 15

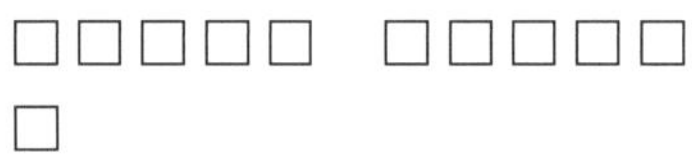

☐ + ☐ = ☐

☐ + ☐ = ☐

3. Zerlege.

15	15	15	15
11 + ☐	10 + ☐	6 + ☐	7 + 7 + ☐
12 + ☐	9 + ☐	5 + ☐	6 + 6 + ☐
13 + ☐	8 + ☐	4 + ☐	5 + 5 + ☐
14 + ☐	7 + ☐	3 + ☐	4 + 4 + ☐

Die Zahl 16

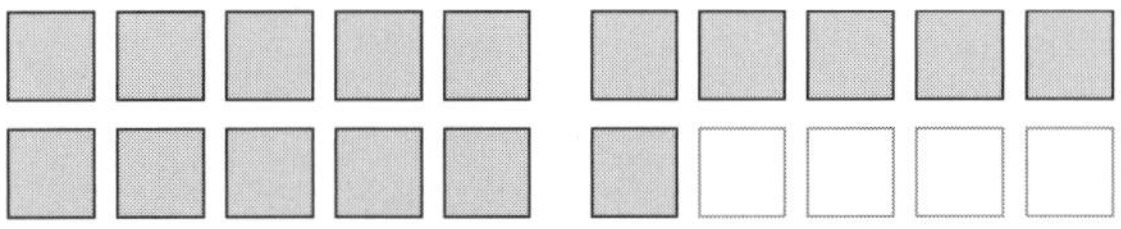

1. Setze die fehlenden Zahlen ein.

9				13			16				20

2. Immer 16! Streiche weg oder male dazu.

☐ − ☐ = *16*

☐ − ☐ = ☐

☐ − ☐ = ☐

12 + ☐ = *16*

☐ + ☐ = ☐

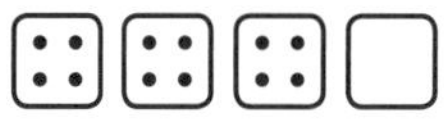

☐ + ☐ = ☐

3. Zerlege.

16	16	16	16
12 + ☐	11 + ☐	7 + ☐	8 + 8 + ☐
13 + ☐	10 + ☐	6 + ☐	7 + 7 + ☐
14 + ☐	9 + ☐	5 + ☐	6 + 6 + ☐
15 + ☐	8 + ☐	4 + ☐	5 + 5 + ☐

Name:

Die Zahl 18

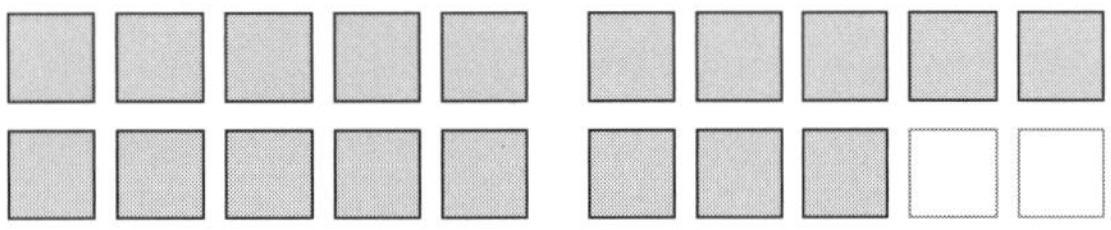

1. Setze die fehlenden Zahlen ein.

9					14				18		20

2. Immer 18! Streiche weg oder male dazu.

☐ – ☐ = *18*

☐ – ☐ = ☐

☐ – ☐ = ☐

☐ + ☐ = *18*

☐ + ☐ = ☐

☐ + ☐ = ☐

3. Zerlege.

18	18	18	18
10 + ☐	9 + ☐	9 + ☐	9 + 9 + ☐
14 + ☐	10 + ☐	8 + ☐	8 + 8 + ☐
15 + ☐	11 + ☐	7 + ☐	7 + 7 + ☐
16 + ☐	12 + ☐	6 + ☐	6 + 6 + ☐
17 + ☐	13 + ☐	5 + ☐	5 + 5 + ☐

Name:

Die Zahl 20

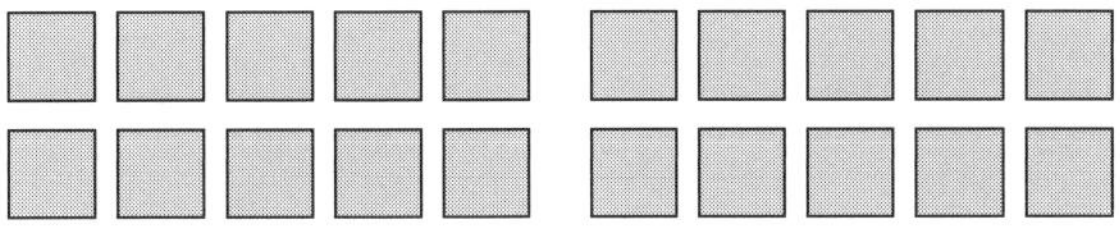

1. Setze die fehlenden Zahlen ein.

9											20

2. Immer 20! Male dazu, was fehlt.

□□□□□ □□□□□
□□□□□

☐ + ☐ = 20

□□□□□ □□□□□
□□□□□ □

☐ + ☐ = ☐

□□□□□ □□□□□
□□□□□ □□□□□

☐ + ☐ = ☐

□□□□□ □□□□□
□□

☐ + ☐ = ☐

□□□□□ □□□□□
□□□

☐ + ☐ = ☐

□□□□□ □□□□□
□□□□□ □□

☐ + ☐ = ☐

3. Zerlege.

20	20	20	20
11 + ☐	9 + ☐	10 + ☐	9 + 9 + ☐
12 + ☐	8 + ☐	9 + ☐	8 + 8 + ☐
13 + ☐	7 + ☐	8 + ☐	7 + 7 + ☐
14 + ☐	6 + ☐	7 + ☐	6 + 6 + ☐

Name:

Zahlen vergleichen

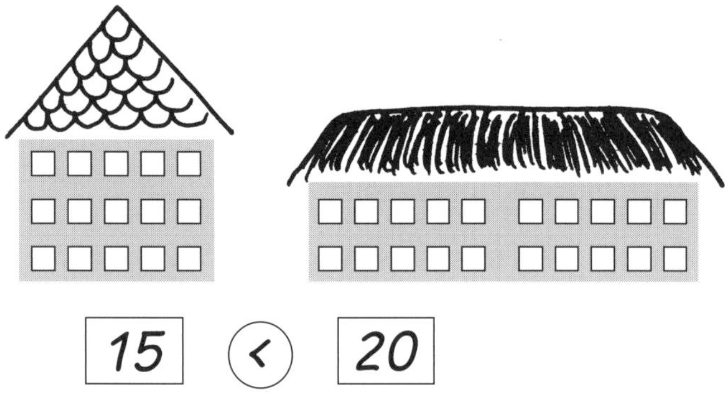

1. Zähle und setze das richtige Zeichen ein: > = <

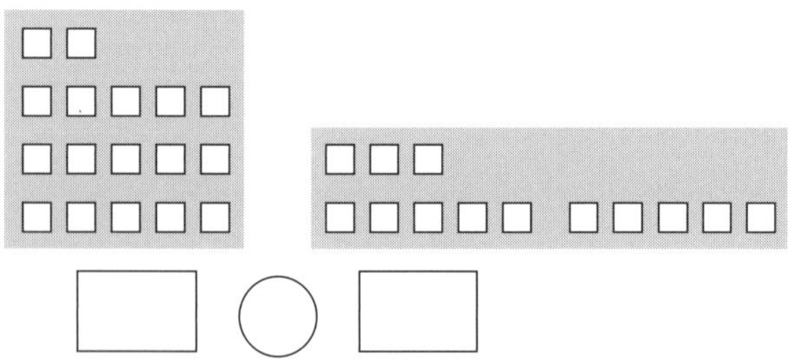

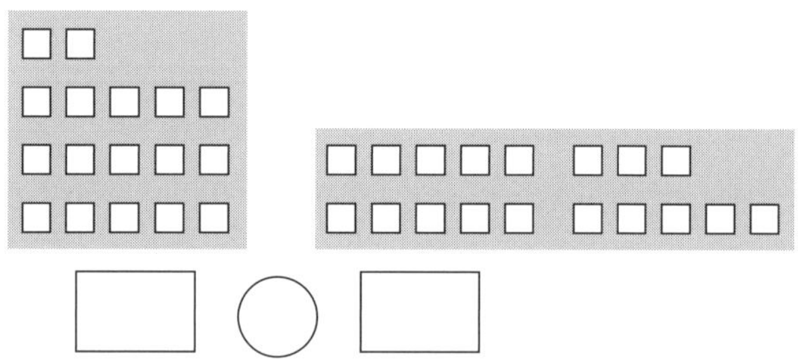

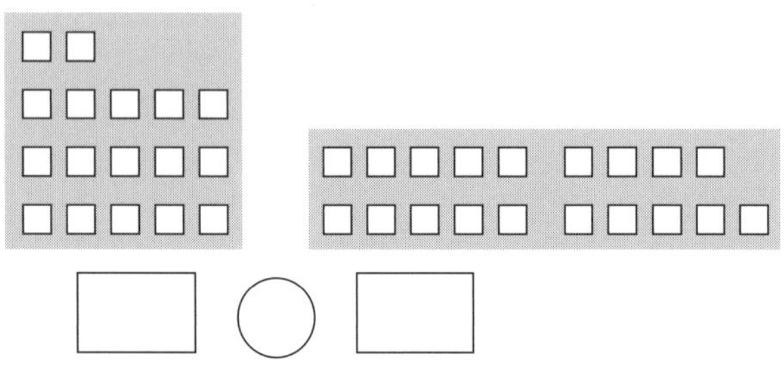

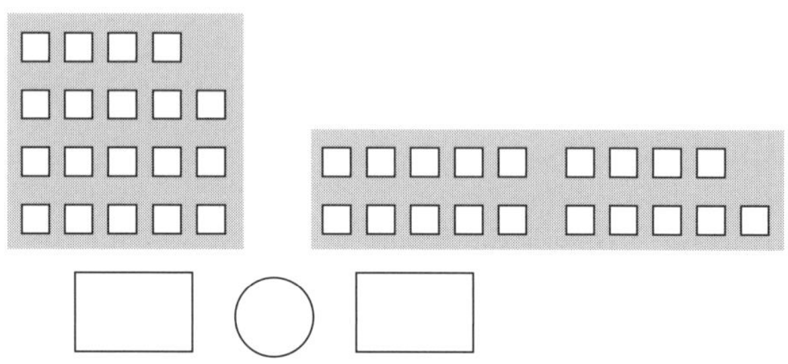

2. Setze das richtige Zeichen ein: <, > oder =

3 ○ 4	9 ○ 6	16 ○ 14	16 + 1 ○ 19	14 − 1 ○ 12
13 ○ 14	19 ○ 16	19 ○ 10	12 + 1 ○ 11	19 − 1 ○ 18
7 ○ 4	7 ○ 9	19 ○ 20	15 + 1 ○ 18	15 − 1 ○ 11
17 ○ 14	17 ○ 19	17 ○ 18	17 + 1 ○ 18	18 − 1 ○ 16
5 ○ 4	1 ○ 10	10 ○ 0	11 + 1 ○ 11	17 − 1 ○ 16
15 ○ 14	11 ○ 20	10 ○ 20	13 + 1 ○ 14	12 − 1 ○ 10

Name:

Vorgänger und Nachfolger

1. Welche Zahl hat der Hase auf dem Rücken?

☐

19 – 1 = 18

18 < 19

Die kleine Nachbarzahl ist der **V**orgänger.

18	19	20

19 + 1 = 20

20 > 19

Die große Nachbarzahl ist der **N**achfolger.

2. Verbinde die Sprechblasen mit den richtigen Zahlen. Nimm für jeden Strich eine andere Farbe.

1	2	3	4	5	6	7	8	9	10	11	12	13	14	15	16	17	18	19	20

Ich bin vor der 5. Ich bin der Vorgänger von 5.

Ich bin nach der 5. Ich bin der Nachfolger von 5.

Ich bin vor der 15. Ich bin der Vorgänger von 15.

Ich bin vor der 10. Ich bin der Vorgänger von 10.

Ich bin nach der 10. Ich bin der Nachfolger von 10.

Ich bin nach der 15. Ich bin der Nachfolger von 15.

3. Schreibe den Vorgänger und den Nachfolger auf.

V		N
	14	
	4	
	12	

V		N
	18	
	1	
	11	

V		N
	13	
	19	
	15	

V		N
	10	
	17	
	16	

4. Kapitel: Rechnen bis 20

Vorbemerkung

Das sichere und automatisierte Rechnen im Zahlenraum bis 20 ist eine grundlegende Voraussetzung für das weitere Rechnen in größeren Zahlenräumen. Während die Kinder Aufgaben, die analog zum ersten Zehner zu lösen sind (9 – 4 = 5 → 19 – 4 = 15) meist schnell beherrschen, bereiten Aufgaben mit Zehnerübergang, bei denen das Rechnen in zwei Schritten erfolgt, mehr Probleme.

Hinweise zu den Kopiervorlagen

Lerninhalte
- Verdoppeln und Halbieren der Zahlen bis 20
- Unterscheiden von geraden und ungeraden Zahlen
- Einsicht, dass sich nur gerade Zahlen halbieren lassen

KV Seite 80/81

Das Doppelte
Die Hälfte

Das Verdoppeln und Halbieren von Zahlen wird nun bis 20 fortgesetzt. Die Beispiele mit dem Körpermodell (Würfelhäuser) und dem Flächenmodell (Plättchen) bieten Anregungen zum konkreten Handeln. Die Fünferzäsur dient beim Zählen als Strukturierungshilfe. Die Kinder sollten das Doppelte und die Hälfte „auswendig" lernen. Fragen Sie deshalb zum Stundenanfang immer wieder danach (z. B.: „Das Doppelte von 6 ist gleich …" oder „Die Hälfte von 12 ist gleich …") und üben Sie Aufgaben wie 6 + 6 = □, 6 + 6 + 1 = □, 6 + 6 – 1 = □

Lösung Seite 80
Aufgabe 1:

5 + 5 = 10	6 + 6 = 12	7 + 7 = 14
8 + 8 = 16	9 + 9 = 18	10 + 10 = 20

Lösung Seite 81
Aufgabe 2:

6 = 3 + 3	8 = 4 + 4
10 = 5 + 5	20 = 10 + 10
12 = 6 + 6	18 = 9 + 9
14 = 7 + 7	16 = 8 + 8

KV Seite 82

Gerade und ungerade Zahlen

Mithilfe von in Doppelreihen gelegten Plättchen lassen sich gerade und ungerade Zahlen anschaulich unterscheiden. Die Kinder erkennen, dass sich gerade Zahlen sowohl als waagrechte Doppelreihen (z. B. 5 + 5) als auch als senkrechte Zweierreihen (2 + 2 + 2 + 2 + 2) lesen lassen. Der gerade Strich am Ende der Reihe dient als Merkhilfe für den Begriff „gerade Zahl". Bei ungeraden Zahlen ist dagegen an die Doppelreihe jeweils noch ein Plättchen anzufügen (z. B. 5 + 5 + 1).

Lösung

5 = 2 + 2 + 1	10 = 5 + 5	7 = 3 + 3 + 1
16 = 8 + 8	13 = 6 + 6 + 1	15 = 7 + 7 + 1
11 = 5 + 5 + 1	14 = 7 + 7	19 = 9 + 9 + 1

Lerninhalte
- Addieren und Subtrahieren im zweiten Zehner durch Anwenden dekadischer Analogien
- Steigern der Rechensicherheit beim Bilden von Aufgabenfamilien
- Verstehen der Rechenoperation „Ergänzen"
- Lösen von einfachen Gleichungen mit Platzhaltern

KV Seite 83–85

Kleine und große Plusaufgaben
Kleine und große Minusaufgaben
Kleine und große Aufgaben mit 10 und 20

Als Vorarbeit sollten die zusammengehörigen kleinen Zahlen (des ersten Zehners) und großen Zahlen (des zweiten Zehners) wiederholt und geübt werden: Nennen Sie eine große Zahl (z. B. 14) und die Kinder geben die zugehörige kleine Zahl (4) an. Drehen Sie dann die Aufgabe um: Sie nennen eine kleine Zahl, die Kinder die große Zahl. Auch ein Paarspiel mit Zahlkarten analog zum Domino auf Seite 53 bietet sich an (vgl. die Hinweise dazu auf Seite 38).

Erklären Sie das Beispiel von der Kopiervorlage auf Seite 83 mit anderen Zahlen an der Tafel. Wenn Sie im Klassenzimmer eine Tafel mit klappbaren „Flügeln" haben, so können Sie die Analogie anschaulich darstellen: Zeichnen Sie dafür den Zehner auf die Außenseite des linken Tafelflügels und die Einer auf die Außenseite des rechten Flügels. Wenn Sie nun den linken Flügel mit dem Zehner umklappen, bleibt die „kleine Aufgabe" stehen. Das Subtrahieren erfolgt analog zum Addieren.

Da die Kinder die Analogie zur 10 bei Aufgaben mit 20 mitunter nicht erkennen, wird dieser Spezialfall gesondert thematisiert.

Lösung Seite 83

Aufgabe 1:

4 + 1 = 5	2 + 7 = 9	8 + 2 = 10
18 + 2 = 20	6 + 0 = 6	19 + 1 = 20
10 + 10 = 20	0 + 10 = 10	14 + 1 = 15
9 + 1 = 10	12 + 7 = 19	16 + 0 = 16

Lösung Seite 84

Aufgabe 1:

16 – 4 = 12	10 – 3 = 7	15 – 4 = 11
14 – 3 = 11	8 – 5 = 3	12 – 2 = 10
2 – 2 = 0	4 – 3 = 1	6 – 4 = 2
20 – 3 = 17	5 – 4 = 1	18 – 5 = 13

Aufgabe 2:

9 – 4 = 5	4 – 2 = 2	8 – 3 = 5
19 – 4 = 15	14 – 2 = 12	18 – 3 = 15

Aufgabe 3:

7 – 5 = 2	5 – 1 = 4	10 – 7 = 3
17 – 5 = 12	15 – 1 = 14	20 – 7 = 13

Lösung Seite 85

Aufgabe 1:

6 + 4 = 10	5 + 5 = 10	8 + 2 = 10
16 + 4 = 20	15 + 5 = 20	18 + 2 = 20
10 + 0 = 10	3 + 7 = 10	1 + 9 = 10
20 + 0 = 20	13 + 7 = 20	11 + 9 = 20

Aufgabe 2:

10 – 3 = 7	10 – 2 = 8	10 – 4 = 6
20 – 3 = 17	20 – 2 = 18	20 – 4 = 16
10 – 10 = 0	10 – 0 = 10	10 – 5 = 5
20 – 10 = 10	20 – 0 = 20	20 – 5 = 15

KV Seite 86

Wer gewinnt?

Durch das abwechselnde Addieren und Subtrahieren sollen die Kinder Rechenfertigkeit gewinnen und ihre Flexibilität üben. Spielen Sie das Würfelspiel vor der Bearbeitung der Kopiervorlage gemeinsam mit den Kindern als Wettkampf zwischen Schülern und Lehrer bzw. Lehrerin. Zeichnen Sie dazu zwei Zahlenbänder an die Tafel. Außerdem benötigen Sie zwei Würfel. Würfeln Sie im Wechsel mit den Schülern und tragen Sie Ihre Würfe und Pfeile am ersten Zahlenband ein. Die Kinder würfeln der Reihe nach und tragen ihre Würfe am zweiten Zahlenband ein. Wenn anfangs die Zahl auf dem schwarzen Würfel größer als die Zahl auf dem weißen Würfel ist und man nicht abziehen kann, wird so lange gewürfelt, bis das Abziehen möglich ist. Auf diese Weise vertiefen die Kinder die Erkenntnis, dass beim Abziehen die zweite Zahl kleiner als die erste sein muss.

Während leistungsstarke Schüler das Arbeitsblatt dann alleine bearbeiten, lösen Sie mit den übrigen Kindern die erste Aufgabe gemeinsam auf einer Folie.

Lösung

Aufgabe 1:

Der Hase landet auf der Zahl 18.
Der Igel landet auf der Zahl 17.

Aufgabe 2:

Immer plus!	Immer minus!	Mal plus, mal minus!
4 + 6 + 7 = 17	20 – 6 – 2 = 12	12 + 6 – 5 = 13
7 + 3 + 5 = 15	17 – 3 – 2 = 12	16 – 3 + 6 = 19
2 + 8 + 4 = 14	19 – 5 – 4 = 10	18 – 5 + 4 = 17
9 + 1 + 9 = 19	11 – 1 – 7 = 3	20 – 7 + 5 = 18
5 + 5 + 6 = 16	14 – 4 – 6 = 4	11 + 8 – 6 = 13

KV Seite 87

Aufgabenfamilien

Aufgaben, die zu einer „Aufgabenfamilie" gehören, haben die Kinder bereits im Zahlenraum bis 10 kennengelernt (siehe Seite 54). Nun sollen die Kinder die Zusammengehörigkeit von Aufgaben bis 20 erkennen und dabei ihre Rechenfertigkeit trainieren. Der Rechenvorteil der Tauschaufgabe, bei der die größere Zahl vorne steht, wird nun deutlich.

Damit den Kindern trotz der Zahlengleichheit die unterschiedlichen zugrunde liegenden Rechenoperationen bewusst werden, überlegen sie sich zu einer Aufgabenfamilie vier verschiedene Rechengeschichten, z. B.:

14 + 3	14 Kinder sind da, 3 kommen dazu.
3 + 14	3 Kinder sind da, 14 kommen dazu.
17 – 3	17 Kinder sind da, 3 laufen weg.
17 – 14	17 Kinder sind da, 14 laufen weg.

Lösung

Aufgabe 1:

14 + 3 = 17	18 – 5 = 13	5 + 13 = 18
2 + 16 = 18	17 – 14 = 3	18 – 2 = 16
13 + 5 = 18	18 – 16 = 2	3 + 14 = 17
17 – 3 = 14	18 – 13 = 5	16 + 2 = 18

Aufgabe 2:

U	Aufgabe	T	U
18 – 3 = 16	16 + 3 = 18	3 + 16 = 18	18 – 16 = 3
16 – 2 = 14	14 + 2 = 16	2 + 14 = 16	16 – 14 = 2
20 – 9 = 11	11 + 9 = 20	9 + 11 = 20	20 – 11 = 9
20 – 8 = 12	12 + 8 = 20	8 + 12 = 20	20 – 12 = 8
19 – 5 = 14	14 + 5 = 19	5 + 14 = 19	19 – 14 = 5

Weiterführende Vorschläge

- Nennen Sie drei Zahlen oder geben Sie diese auf Kärtchen vor. Die Kinder finden dazu die entsprechende Aufgabenfamilie. (Hinweis: Bei Minusaufgaben muss die größte Zahl stets vorne stehen.)
- Aus den vier Aufgaben einer Aufgabenfamilie lässt sich jeweils ein Satz Karten für ein Quartettspiel erstellen. Am besten verwenden die Kinder dafür gleich große Karteikarten, auf die sie die Aufgaben schreiben. Es genügt, wenn auf einer Karte nur die Aufgabe selbst steht und nicht, wie bei einem Quartettspiel üblich, außerdem die fehlenden drei Aufgaben des Quartetts. Diese können sich die Kinder erschließen und dabei gleich das Finden der Umkehr- und der Tauschaufgabe üben.
  Beispiel:
  16 + 4 = ☐   20 – 4 = ☐   20 – 16 = ☐   4 + 16 = ☐
  Es gelten die gleichen Regeln wie beim normalen Quartettspiel. Die Kinder fragen sich dann gegenseitig: „Hast du die Karte mit der Aufgabe 20 – 16 = 4?“

KV Seite 88

Ergänzen

Das unvollständige Puzzle veranschaulicht die Rechenoperation „Ergänzen“: Um eine Zahl „ganz“ zu machen, muss so viel dazugelegt werden, bis eine vorgegebene Zahl erreicht wird. Man kann eine solche Aufgabe auch durch Umformen lösen, z. B.: 10 + ☐ = 16; Tauschaufgabe: ☐ + 10 = 16; Umkehraufgabe: 16 – 10 = ☐. Allerdings fällt den Kindern das „Draufzählen“ wesentlich leichter. Zugleich dient das Ergänzen auf 10 als Vorbereitung zum Rechnen mit Zehnerübergang.

Um den Begriff des Ergänzens zu sichern, nennen die Kinder Beispiele aus dem Alltag, z. B. eine zerstörte Lego- oder Playmobil-Figur wieder ganz machen. Auch die Geometrie liefert Beispiele: Zerschnittene Quadrate, Kreise und Dreiecke werden wieder zusammengesetzt.

Lösung

Aufgabe 1:

10 + 6 = 16; 14 + 2 = 16

Aufgabe 2:

5 + 5 = 10	10 + 5 = 15	11 + 8 = 19	14 + 6 = 20
8 + 2 = 10	10 + 7 = 17	12 + 5 = 17	4 + 16 = 20
2 + 8 = 10	10 + 0 = 10	13 + 5 = 18	12 + 8 = 20
6 + 4 = 10	10 + 9 = 19	14 + 2 = 16	2 + 18 = 20
4 + 6 = 10	10 + 2 = 12	15 + 0 = 15	16 + 4 = 20
7 + 3 = 10	10 + 6 = 16	16 + 2 = 18	6 + 14 = 20
3 + 7 = 10	10 + 3 = 13	17 + 3 = 20	11 + 9 = 20
9 + 1 = 10	10 + 8 = 18	18 + 2 = 20	1 + 19 = 20
1 + 9 = 10	10 + 4 = 14	19 + 1 = 20	15 + 5 = 20

KV Seite 89

Würfelaufgaben

Bei der ersten Aufgabe geht es um das geschickte Addieren von drei Zahlen. Das Finden von Zehnerpaaren und Vertauschen der Zahlen bereitet auf das Rechnen mit Zehnerübergang vor. Die Kinder zählen die Würfelaugen von Hase und Igel jeweils zusammen und kreuzen den Gewinner jeder Runde an.

Bei der zweiten Aufgabe finden die Kinder aus fünf bzw. sechs Würfelbildern diejenigen heraus, die addiert die vorgegebene Summe ergeben.

Im Anschluss an die Bearbeitung der Kopiervorlage können die Kinder das Würfelspiel von Aufgabe 1 mit ihrem Nachbarn durchführen. Dafür benötigen sie drei Spielwürfel.

Lösung

Aufgabe 1:

	Igel	Hase	
☐	6 + 4 + 2 = 12	5 + 5 + 3 = 13	☒
☐	5 + 5 + 1 = 11	6 + 4 + 1 = 11	☐
☒	6 + 4 + 3 = 13	4 + 4 + 4 = 12	☐

Aufgabe 2:
Folgende Würfel sind wegzustreichen:

18: ⚁
15: ⚁
13: ⚂
19: ⚅
16: ⚃

12: ⚂, ⚂ oder ⚄, ⚀ oder ⚃, ⚁
20: ⚅, ⚂ oder ⚄, ⚃
18: ⚁, ⚃ oder ⚅
17: ⚅, ⚂
14: ⚄, ⚂ oder ⚂, ⚂, ⚁ oder ⚅, ⚁

Lerninhalte

- Addition und Subtraktion im zweiten Zehner mit Zehnerübergang
- Überschreiten des Zehners durch Verdoppeln (bei Plusaufgaben) und Halbieren (bei Minusaufgaben) und Bilden der Nachbaraufgabe (+ 1 bzw. – 1)
- Automatisieren aller Plus- und Minusaufgaben bis 20

KV Seite 90

Ein Schritt für zwei Schritte: Vorwärts

Auf dieser Kopiervorlage wird der Zehnerübergang mit Plus anschaulich am Zahlenband gezeigt und eingeführt. Die Kinder müssen zunächst noch nicht selbstständig die Rechenschritte durchführen, sondern sollen nur die Gleichheit von „Igelaufgabe" (Rechnen in zwei Schritten) und „Hasenaufgabe" (Rechnen in einem Schritt) erkennen und die Notation von zwei Rechenschritten kennenlernen.

Schließlich werden die beiden Schritte des Rechenwegs bei der Addition noch ausführlich erklärt:

1. Ergänzen zum Zehner: Die zweite Zahl so zerlegen, dass sie zusammen mit der ersten Zahl ein Zehnerpaar ergibt.
2. Den Rest dazuzählen.

Anfangs ist es für die Kinder eine Hilfe, wenn sie das Zehnerpaar einrahmen.

Lösung

8 + 2 + 5 = 15	9 + 7 = 16
9 + 1 + 6 = 16	8 + 7 = 15
6 + 4 + 1 = 11	8 + 6 = 14
8 + 2 + 4 = 14	7 + 9 = 16
6 + 4 + 2 = 12	6 + 6 = 12
7 + 3 + 6 = 16	6 + 5 = 11

KV Seite 91

Plusaufgaben mit Zehnerübergang

Das Zerlegen des zweiten Summanden wird nun systematisch geübt. Damit die Grafik für alle Aufgaben eine übersichtliche Hilfe ist, sind der erste und der zweite Zehner der Zwanzigerreihe in zwei Zehnerreihen untereinander angeordnet. Ein senkrechter Strich zeigt deutlich die erste Zahl und weist auf den ersten Rechenschritt hin: Vor bis 10.

Anschließend wird der zweite Rechenschritt vorgenommen und der Rest des zweiten Summanden dazugezählt.

Gerade für langsam lernende Kinder hat es sich bewährt, dass beim anfänglichen Üben der erste Summand immer gleich bleibt. Erst dann sollte zu wechselnden Zahlen übergegangen werden. Kinder mit Verständnisschwierigkeiten legen zu jeder Aufgabe Plättchen, zeigen die Aufgabe an der Rechenkette oder zeichnen sie an einer Zwanzigerreihe ein.

Auf dieser Kopiervorlage werden nur Aufgaben mit den Zahlen 5 + ☐ bis 9 + ☐ geübt, da es einfacher ist, die Tauschaufgabe zu rechnen, wenn der zweite Summand größer als der erste ist. Das können Sie anhand dieses Beispiels an der Tafel erklären:

4 + 9 = [4 + 6] + 3
9 + 4 = [9 + 1] + 3

Lösung

9 + 3 = [9 + 1] + 2 = 12
9 + 4 = [9 + 1] + 3 = 13
9 + 5 = [9 + 1] + 4 = 14
9 + 6 = [9 + 1] + 5 = 15
9 + 7 = [9 + 1] + 6 = 16
9 + 8 = [9 + 1] + 7 = 17
9 + 9 = [9 + 1] + 8 = 18

8 + 3 = [8 + 2] + 1 = 11
8 + 4 = [8 + 2] + 2 = 12
8 + 5 = [8 + 2] + 3 = 13
8 + 6 = [8 + 2] + 4 = 14
8 + 7 = [8 + 2] + 5 = 15
8 + 8 = [8 + 2] + 6 = 16

7 + 5 = [7 + 3] + 2 = 12
7 + 6 = [7 + 3] + 3 = 13
7 + 7 = [7 + 3] + 4 = 14

6 + 5 = [6 + 4] + 1 = 11
6 + 6 = [6 + 4] + 2 = 12
6 + 7 = [6 + 4] + 3 = 13

Weiterführender Vorschlag

Das Plusrechnen über den Zehner kann in Kopfrechenphasen trainiert werden: Geben Sie „lange Aufgaben" wie z. B. 6 + 4 + 3 vor und die Kinder nennen die kurze Aufgabe mit Ergebnis. Oder: Sie stellen Aufgaben wie beispielsweise 8 + 6 und die Kinder rechnen je nach Fähigkeit entweder die lange Aufgabe oder geben gleich das Ergebnis an.

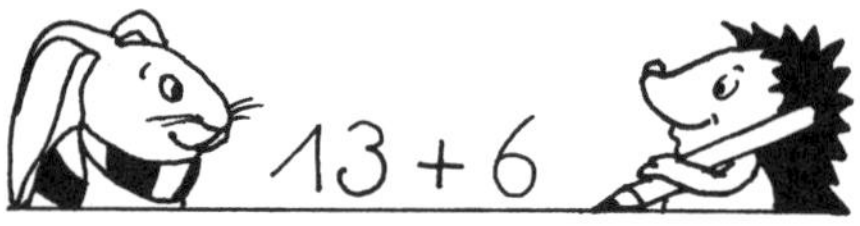

Ein Schritt für zwei Schritte: Rückwärts

KV Seite 92

Analog zum Zehnerübergang mit Plus wird nun der Zehnerübergang mit Minus anschaulich am Zahlenband eingeführt. Auch hier soll der „Igelaufgabe“ (Rechnen in zwei Schritten) die jeweils passende „Hasenaufgabe“ (Rechnen in einem Schritt) zugeordnet werden.

Daran schließt sich eine ausführliche Erklärung der beiden Schritte des Rechenwegs bei der Subtraktion an:

1. Zurückrechnen zum Zehner: Die zweite Zahl so zerlegen, dass sie zusammen mit der ersten Zahl ein Zehnerpaar ergibt.
2. Den Rest wegnehmen.

Wie bei der Addition ist es anfangs für die Kinder eine Hilfe, wenn sie das Zehnerpaar einrahmen.

Lösung

13 – 3 – 5 = 5	14 – 6 = 8
14 – 4 – 2 = 8	15 – 7 = 8
11 – 1 – 8 = 2	13 – 8 = 5
15 – 5 – 2 = 8	16 – 9 = 7
12 – 2 – 3 = 7	12 – 5 = 7
16 – 6 – 3 = 7	11 – 9 = 2

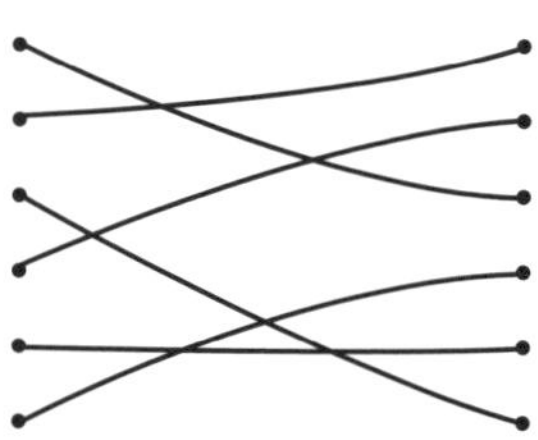

Minusaufgaben mit Zehnerübergang

KV Seite 93/94

Nun wird das Zerlegen des Subtrahenden systematisch geübt und gefestigt. Die grafische Darstellung ist von den Plusaufgaben bereits bekannt. Der senkrechte Strich zeigt wieder deutlich die erste Zahl und weist auf den ersten Rechenschritt hin: Zurück bis 10. Wegzunehmende Würfel sollten nicht durchgestrichen werden, damit die Grafik für alle Aufgaben eine Hilfe ist. Im zweiten Rechenschritt wird nun der Rest des Subtrahenden abgezogen.

Kinder mit Verständnisschwierigkeiten legen wieder zu jeder Aufgabe Plättchen, zeigen die Aufgabe an der Rechenkette oder zeichnen sie an einer Zwanzigerreihe ein. Auch bei Minusaufgaben hat sich für langsam lernende Kinder bewährt, dass beim anfänglichen Üben der Minuend immer gleich ist, bevor man zu wechselnden Zahlen übergeht.

Lösung Seite 93

$11 - 2 = \boxed{11 - 1} - 1 = 9$
$11 - 3 = \boxed{11 - 1} - 2 = 8$
$11 - 4 = \boxed{11 - 1} - 3 = 7$
$11 - 5 = \boxed{11 - 1} - 4 = 6$
$11 - 6 = \boxed{11 - 1} - 5 = 5$
$11 - 7 = \boxed{11 - 1} - 6 = 4$
$11 - 8 = \boxed{11 - 1} - 7 = 3$

$12 - 3 = \boxed{12 - 2} - 1 = 9$
$12 - 4 = \boxed{12 - 2} - 2 = 8$
$12 - 5 = \boxed{12 - 2} - 3 = 7$
$12 - 6 = \boxed{12 - 2} - 4 = 6$
$12 - 7 = \boxed{12 - 2} - 5 = 5$
$12 - 8 = \boxed{12 - 2} - 6 = 4$
$12 - 9 = \boxed{12 - 2} - 7 = 3$

$13 - 4 = \boxed{13 - 3} - 1 = 9$
$13 - 5 = \boxed{13 - 3} - 2 = 8$
$13 - 6 = \boxed{13 - 3} - 3 = 7$

$13 - 7 = \boxed{13 - 3} - 4 = 6$
$13 - 8 = \boxed{13 - 3} - 5 = 5$
$13 - 9 = \boxed{13 - 3} - 6 = 4$

Lösung Seite 94

$14 - 5 = \boxed{14 - 4} - 1 = 9$
$14 - 6 = \boxed{14 - 4} - 2 = 8$
$14 - 7 = \boxed{14 - 4} - 3 = 7$
$14 - 8 = \boxed{14 - 4} - 4 = 6$
$14 - 9 = \boxed{14 - 4} - 5 = 5$

$15 - 6 = \boxed{15 - 5} - 1 = 9$
$15 - 7 = \boxed{15 - 5} - 2 = 8$
$15 - 8 = \boxed{15 - 5} - 3 = 7$
$15 - 9 = \boxed{15 - 5} - 4 = 6$

$16 - 7 = \boxed{16 - 6} - 1 = 9$
$16 - 8 = \boxed{16 - 6} - 2 = 8$
$16 - 9 = \boxed{16 - 6} - 3 = 7$

$17 - 8 = \boxed{17 - 7} - 1 = 9$
$17 - 9 = \boxed{17 - 7} - 2 = 8$

$18 - 9 = \boxed{18 - 8} - 1 = 9$

Weiterführender Vorschlag

Auch das Minusrechnen über den Zehner kann in Kopfrechenphasen geübt werden: Geben Sie „lange Aufgaben“ wie z. B. 15 – 5 – 3 vor und die Kinder nennen die kurze Aufgabe mit Ergebnis. Oder: Sie stellen Aufgaben wie beispielsweise 11 – 7 und die Kinder rechnen je nach Fähigkeit entweder die lange Aufgabe oder geben gleich das Ergebnis an.

Verwandte Aufgaben über den Zehner

KV Seite 95

Auch bei Aufgaben mit Zehnerübergang können mithilfe der Tauschaufgabe und der Umkehraufgaben „Aufgabenfamilien“ erstellt werden. Beim Umformen der Aufgaben steigern die Kinder ihre Rechenfertigkeit. Sie lösen die Aufgaben und denken sich zu jeder Aufgabe eine Rechengeschichte aus. Wiederholen Sie mit den Kindern die Erkenntnis: Alle Aufgaben haben die gleichen Zahlen, stellen aber unterschiedliche Rechengeschichten dar.

Lösung

Aufgabe 1:

4 + 9 = 13	13 – 8 = 5	6 + 8 = 14
14 – 8 = 6	14 – 6 = 8	13 – 4 = 9
13 – 5 = 8	5 + 8 = 13	9 + 4 = 13
13 – 9 = 4	8 + 6 = 14	8 + 5 = 13

Aufgabe 2:

U	Aufgabe	T	U
15 – 9 = 6	6 + 9 = 15	9 + 6 = 15	15 – 6 = 9
12 – 8 = 4	4 + 8 = 12	8 + 4 = 12	12 – 4 = 8
11 – 6 = 5	5 + 6 = 11	6 + 5 = 11	11 – 5 = 6
13 – 7 = 6	6 + 7 = 13	7 + 6 = 13	13 – 6 = 7
17 – 8 = 9	9 + 8 = 17	8 + 9 = 17	17 – 9 = 8

Weiterführende Vorschläge

- Nennen Sie drei Zahlen oder geben Sie diese auf Kärtchen vor. Die Kinder finden dazu die entsprechende Aufgabenfamilie. (Hinweis zur Wiederholung: Bei Minusaufgaben muss die größte Zahl stets vorne stehen.)
- Eine weitere Möglichkeit für das Rechnen über den Zehner ist das Verdoppeln und Bilden der Nachbaraufgabe. Dieser Rechenweg ist jedoch sehr anspruchsvoll und nur für leistungsstarke Schüler geeignet. Erklären Sie das Prinzip zuerst an der Tafel, bevor die Kinder selbstständig rechnen:

  6 + 7 = [6 + 6] + 1 = 13
  /\ \/
  6 + 6 + 1 = 12 + 1

  Dabei müssen folgende Denk- und Rechenschritte durchgeführt werden:
  - Erkennen, dass 7 die Nachbarzahl von 6 ist
  - Zerlegen von 7 in 6 + 1
  - Umformen der Aufgabe: 6 + 6 + 1

  Analog erfolgt das Rechnen bei den Minusaufgaben:

  17 – 8 = [16 – 8] + 1 = 9
  /\ \/
  16 + 1 – 8 = 8 + 1

KV Seite 96

Domino: Rechnen über den Zehner

Bei diesem Domino werden die Addition und die Subtraktion mit Zehnerübergang nochmals geübt.

KV Seite 97–100

Mein Einspluseinsbuch

Um die Aufgaben bis 20 langfristig zu automatisieren, erstellen die Kinder mithilfe der Kopiervorlagen von den Seiten 97 bis 100 ein Einspluseinsbuch, mit dem sie immer wieder üben können. Die Übersicht „Einspluseins bis 20“ stellt alle Plusaufgaben im Zusammenhang dar, die Aufgaben in den grauen Feldern beziehen sich auf den Zahlenraum bis 10.

Jedes Kind benötigt je eine Kopie der vier Seiten und löst die Aufgaben zunächst seinem eigenen Arbeitstempo entsprechend. Wer eine Seite fertig bearbeitet hat, zeigt sie Ihnen und kann bei richtiger Lösung den Hasen ausmalen. Die DIN-A4-Seiten werden dann in der Mitte in zwei DIN-A5-Blätter zerschnitten, der Reihe nach übereinandergelegt, wobei das Titelblatt oben liegt, und schließlich am linken Rand mit einem Klammerhefter zu einem persönlichen Einspluseinsbuch zusammengeheftet.

Erklären Sie den Kindern und auch den Eltern auf einem Elternabend, wie wichtig das Beherrschen der Einspluseinssätze für das schnelle Rechnen im Alltag, für das spätere Rechnen im Zahlenraum bis 100, für spätere schriftliche Rechenverfahren sowie für Sachaufgaben ist. Wer beim Lösen einfacher Plus- und Minusaufgaben lange nachdenken muss, hat den Kopf nicht frei für weitere und komplizierte Rechenschritte und Denkvorgänge. Deshalb sollten die Kinder die Einspluseinssätze im gesamten ersten und auch im zweiten Schuljahr möglichst oft üben, ohne dass dies eigens als Hausaufgabe gegeben wird. Dazu können die Kinder ihr Einspluseinsbuch in der Freizeit immer mitnehmen: auf lange Autofahrten, zum Besuch bei den Großeltern oder beim Arzt, in den Urlaub … Die Eltern oder Geschwister sollten dabei die Aufgabenreihen nicht nur der Reihe nach abfragen, sondern auch einzelne Aufgaben herauspicken.

Weiterführender Vorschlag

Das beliebte Würfelspiel „Die verflixte Eins“ (für zwei Spieler) können die Kinder mit einem Elternteil oder einer anderen Person fast überall zwischendurch spielen. Man benötigt dafür einen Spielwürfel, ein Notizblatt und einen Bleistift.

Jeder Spieler darf hintereinander so oft würfeln, wie er will. Dabei addiert er fortlaufend die geworfene Zahl zur letzten Summe.

Beispiel: Ein Kind würfelt nacheinander 2, 3, 4, 2, 6. Im Kopf rechnet es dann: 2 + 3 = 5, 5 + 4 = 9, 9 + 2 = 11, 11 + 6 = 17. Wenn es jetzt aufhört, kann es sich die Zahl 17 aufschreiben. Sobald das Kind nämlich eine Eins würfelt, muss es aufhören. Zugleich werden alle bisherigen Würfe ungültig und es kann für diese Runde nur die Zahl 0 notieren. Wer nach mehreren Runden am häufigsten die Null aufschreiben muss, hat verloren.

Gute Rechner und wagemutige Kinder können auch weiterwürfeln und Aufgaben über 20 rechnen.

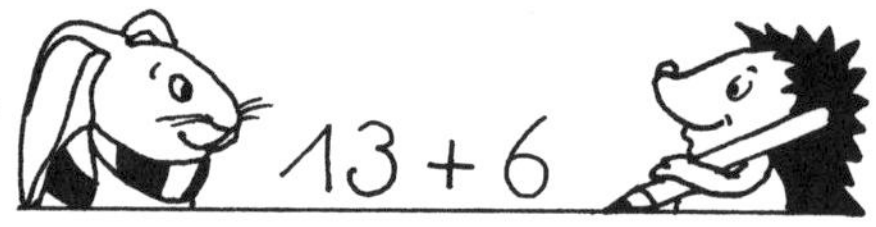

Name:

Das Doppelte

Der Hase baut immer größere Häuser.

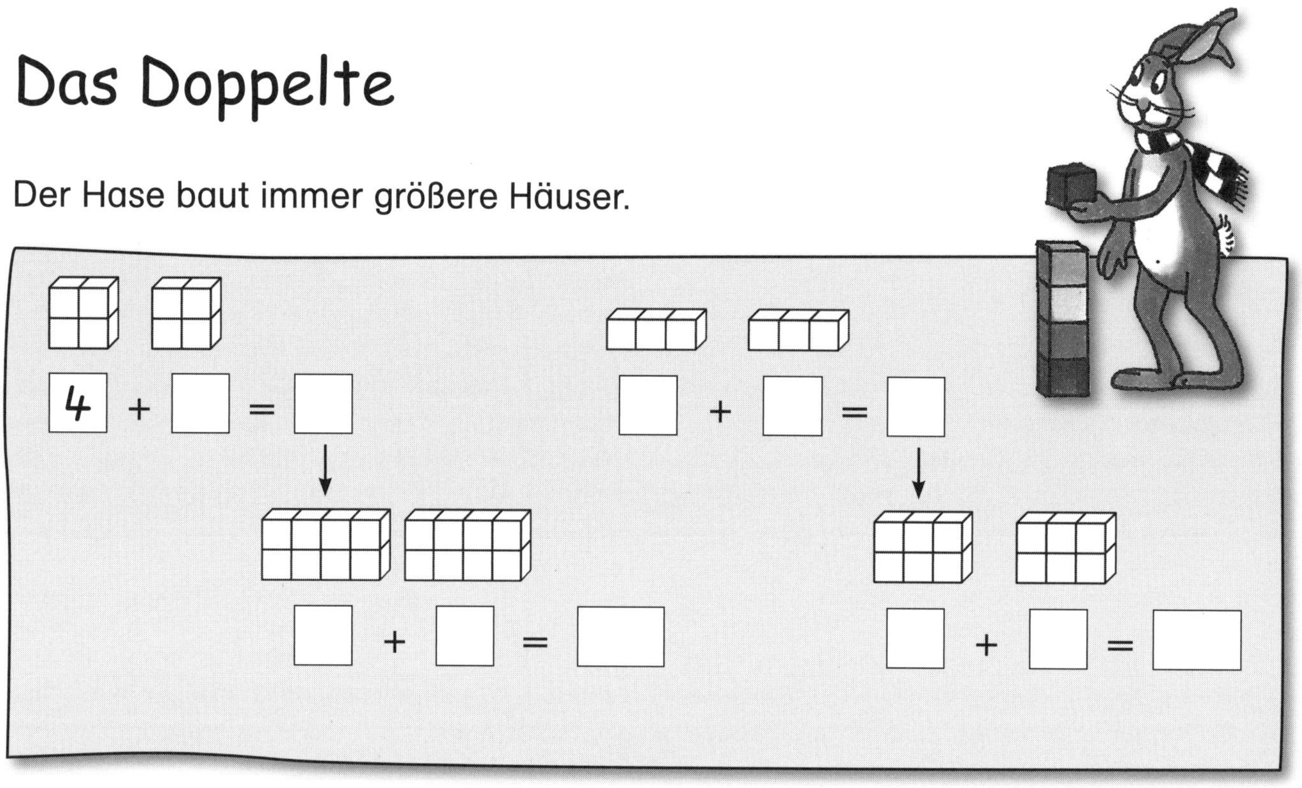

1. Immer doppelt so viele Plättchen. Trage ein.

□□□□□	□□□□□ □	□□□□□ □□
5	☐	☐
5 + 5 = ☐	☐ + ☐ = ☐	☐ + ☐ = ☐

□□□□□ □□□	□□□□□ □□□□	□□□□□ □□□□□
☐	☐	☐
☐ + ☐ = ☐	☐ + ☐ = ☐	☐ + ☐ = ☐

2. Schreibe das Doppelte auf.

Zahl	0	1	2	3	4	5	6	7	8	9	10
das Doppelte	0	2									

Name:

Die Hälfte

1. Bekommt der Hase wirklich so viel? Halbiere mit einem Strich.

2. Halbiere mit einem Strich und rechne.

□□□|□□ □

6 = 3 + 3

□□□□□ □□□

□ = □ + □

□□□□□ □□□□□

□ = □ + □

□□□□□ □□□□□ □□□□□ □□□□□

□ = □ + □

□□□□□ □□□□□ □□

□ = □ + □

□□□□□ □□□□□ □□□□□ □□□

□ = □ + □

□□□□□ □□□□□ □□□□

□ = □ + □

□□□□□ □□□□□ □□□□□ □

□ = □ + □

3. Schreibe die Hälfte auf.

Zahl	2	4	6	8	10	12	14	16	18	20
die Hälfte	1	2								

4. Welche Zahlen kannst du halbieren? Kreise sie rot ein.

1	2	3	4	5	6	7	8	9	10	11	12	13	14	15	16	17	18	19	20

Name:

Gerade und ungerade Zahlen

□□□□□ | □□□□□ |

gerader Strich am Ende
→ gerade Zahl

10 = 5 + 5

Gerade Zahlen
kannst du halbieren!

□□□□□ | □□□□□□ |

kein gerader Strich am Ende
→ ungerade Zahl

11 = 5 + 5 + 1

Rahme die geraden Zahlen rot ein und rechne.

□□
□□□
5 = 2 + 2 + 1

□□□□□
□□□□□
10 = 5 + 5

□□□
□□□□
☐ = ☐ + ☐ + ☐

□□□□□ □□□
□□□□□ □□□
☐ = ☐ + ☐

□□□□□ □
□□□□□ □□
☐ = ☐ + ☐ + ☐

□□□□□ □□
□□□□□ □□□
☐ = ☐ + ☐ + ☐

□□□□□
□□□□□ □
☐ = ☐ + ☐ + ☐

□□□□□ □□
□□□□□ □□
☐ = ☐ + ☐

□□□□□ □□□□
□□□□□ □□□□□
☐ = ☐ + ☐ + ☐

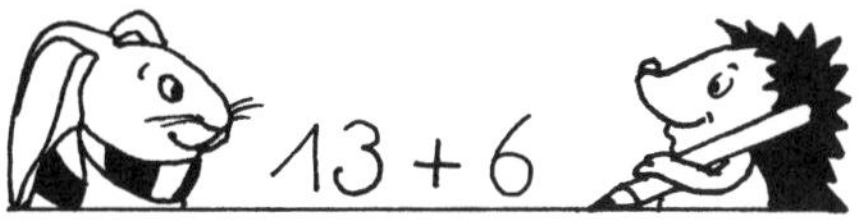

Name:

Kleine und große Plusaufgaben

Wer bis 10 rechnen kann, kann auch bis 20 rechnen.

Mein Tipp:
Decke den Zehner ab
und rechne zuerst
die kleine Aufgabe.

1. Rahme die große und die kleine Aufgabe mit der gleichen Farbe ein. Rechne zuerst die kleine Aufgabe.

4 + 1 = ☐	2 + 7 = ☐	8 + 2 = ☐
18 + 2 = ☐	6 + 0 = ☐	19 + 1 = ☐
10 + 10 = ☐	0 + 10 = ☐	14 + 1 = ☐
9 + 1 = ☐	12 + 7 = ☐	16 + 0 = ☐

2. Schreibe die passende große Aufgabe darunter. Rechne.

	6	+	2	=		
1	6	+	2	=		

	3	+	7	=		

	5	+	1	=		

3. Schreibe die passende kleine Aufgabe darüber. Rechne.

	1	+	3	=		
1	1	+	3	=		

1	4	+	5	=		

1	2	+	6	=		

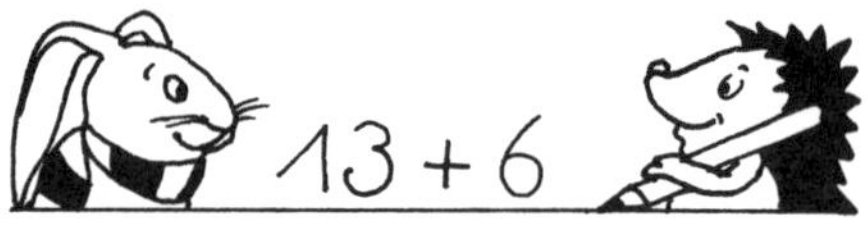

Name:

Kleine und große Minusaufgaben

Wer bis 10 rechnen kann, kann auch bis 20 rechnen.

Schon kapiert:
Den Zehner abdecken und zuerst die kleine Aufgabe rechnen!

□□□□□ □□□□□ □□⧄⧄⧄ 15 − 3 = ?

□□⧄⧄⧄ 5 − 3 = 2

15 − 3 = 12

**1. Rahme die große und die kleine Aufgabe mit der gleichen Farbe ein.
Rechne zuerst die kleine Aufgabe.**

16 − 4 = ☐	10 − 3 = ☐	15 − 4 = ☐
14 − 3 = ☐	8 − 5 = ☐	12 − 2 = ☐
2 − 2 = ☐	4 − 3 = ☐	6 − 4 = ☐
20 − 3 = ☐	5 − 4 = ☐	18 − 5 = ☐

2. Schreibe die passende große Aufgabe darunter. Rechne.

	9	−	4	=		
1	9	−	4	=		

	4	−	2	=		

	8	−	3	=		

3. Schreibe die passende kleine Aufgabe darüber. Rechne.

	7	−	5	=		
1	7	−	5	=		

1	5	−	1	=		

2	0	−	7	=		

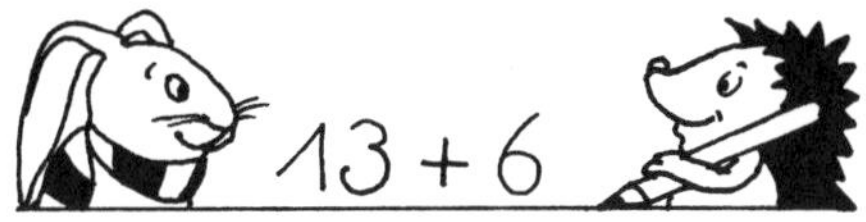

Name:

Kleine und große Aufgaben mit 10 und 20

Plusaufgaben

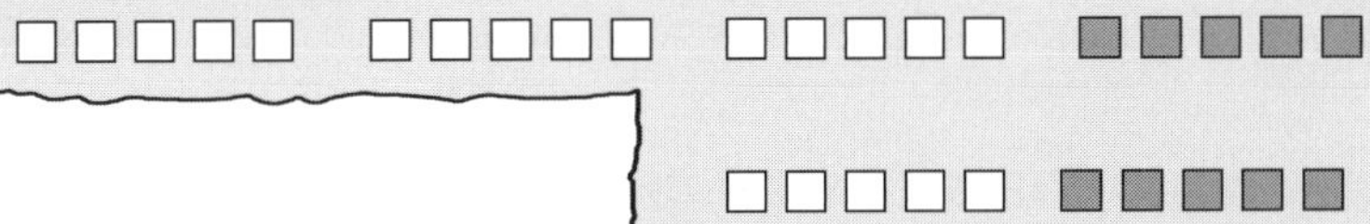

15 + 5 = ?

5 + 5 = 10

15 + 5 = 20

1. Schreibe die passende kleine Aufgabe darüber und rechne.

	6	+	4	=		
1	6	+	4	=		

1	5	+	5	=		

1	8	+	2	=		

2	0	+	0	=		

1	3	+	7	=		

1	1	+	9	=		

Minusaufgaben

20 − 6 = ?

10 − 6 = 4

20 − 6 = 14

2. Schreibe die passende kleine Aufgabe darüber und rechne.

1	0	-	3	=		
2	0	−	3	=		

2	0	−	2	=		

2	0	−	4	=		

2	0	−	1	0	=		

2	0	−	0	=		

2	0	−	5	=		

Name:

Wer gewinnt?

Hase und Igel würfeln und laufen auf dem Zahlenband hin und her. Der weiße Würfel zeigt, wie viele Felder sie vorrücken dürfen. Der schwarze Würfel zeigt, wie viele Felder sie rückwärts gehen müssen.

1. Zeichne die Spielzüge am Zahlenband mit Pfeilen ein.
Auf welchen Zahlen landen die beiden? Rahme farbig ein. Wer gewinnt?

Diese Zahlen würfelt der Hase: 

0	1	2	3	4	5	6	7	8	9	10	11	12	13	14	15	16	17	18	19	20

Diese Zahlen würfelt der Igel: 

0	1	2	3	4	5	6	7	8	9	10	11	12	13	14	15	16	17	18	19	20

2. Rechne.

Immer plus!

4 + 6 + 7 = ☐
7 + 3 + 5 = ☐
2 + 8 + 4 = ☐
9 + 1 + 9 = ☐
5 + 5 + 6 = ☐

Immer minus!

20 − 6 − 2 = ☐
17 − 3 − 2 = ☐
19 − 5 − 4 = ☐
11 − 1 − 7 = ☐
14 − 4 − 6 = ☐

Mal plus, mal minus!

12 + 6 − 5 = ☐
16 − 3 + 6 = ☐
18 − 5 + 4 = ☐
20 − 7 + 5 = ☐
11 + 8 − 6 = ☐

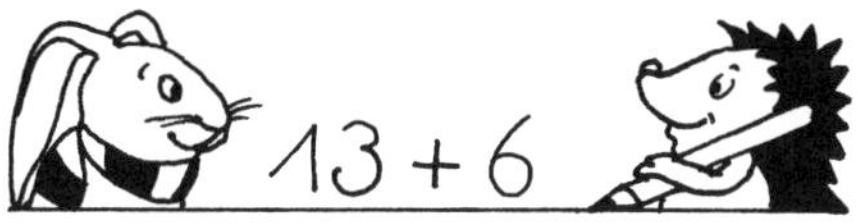

Name:

Aufgabenfamilien

Immer vier Aufgaben gehören zu einer Familie.

	16 + 4 = ☐	Umkehraufgabe	☐ − 4 = 16
Tauschaufgabe	4 + 16 = ☐	Umkehraufgabe	☐ − 16 = 4

1. Welche vier Aufgaben gehören zu einer Aufgabenfamilie? Rahme sie mit der gleichen Farbe ein und rechne.

14 + 3 = ☐	18 − 5 = ☐	5 + 13 = ☐
2 + 16 = ☐	17 − 14 = ☐	18 − 2 = ☐
13 + 5 = ☐	18 − 16 = ☐	3 + 14 = ☐
17 − 3 = ☐	18 − 13 = ☐	16 + 2 = ☐

2. Schreibe die fehlenden Aufgaben auf.

U	Aufgabe	T	U
☐ − 3 = 16	16 + 3 = ☐	3 + 16 = ☐	☐ − 16 = 3
	14 + 2 = ☐		
	11 + 9 = ☐		
		8 + 12 = ☐	
		5 + 14 = ☐	

Name:

Ergänzen

1. Schau die beiden Puzzles genau an. Beantworte die Fragen.

	Wie viele Teile liegen schon?	
	Wie viele Teile fehlen?	
	Wie viele Teile hat das ganze Puzzle?	

□□□□□ □□□□□ ■■■■■ ■

10 + ☐ = 16

□□□□□ □□□□□ □□□□■ ■

14 + ☐ = 16

2. Ergänze.

5 + ☐ = 10	10 + ☐ = 15	11 + ☐ = 19	14 + ☐ = 20
8 + ☐ = 10	10 + ☐ = 17	12 + ☐ = 17	4 + ☐ = 20
2 + ☐ = 10	10 + ☐ = 10	13 + ☐ = 18	12 + ☐ = 20
6 + ☐ = 10	10 + ☐ = 19	14 + ☐ = 16	2 + ☐ = 20
4 + ☐ = 10	10 + ☐ = 12	15 + ☐ = 15	16 + ☐ = 20
7 + ☐ = 10	10 + ☐ = 16	16 + ☐ = 18	6 + ☐ = 20
3 + ☐ = 10	10 + ☐ = 13	17 + ☐ = 20	11 + ☐ = 20
9 + ☐ = 10	10 + ☐ = 18	18 + ☐ = 20	1 + ☐ = 20
1 + ☐ = 10	10 + ☐ = 14	19 + ☐ = 20	15 + ☐ = 20

Name:

Würfelaufgaben

1. Finde Zehnerpaare und rechne geschickt.
Wer hat die höhere Zahl? Kreuze an.

□	⚃ ⚁ ⚅ 6 + 4 + 2 = □	⚄ ⚂ ⚄ □ + □ + □ = □	☒

Ich vertausche die Zahlen und rechne:
6 + 4 = 10
10 + 2 = 12

Und ich gewinne!

□	⚀ ⚄ ⚄ □ + □ + □ = □	⚅ ⚀ ⚃ □ + □ + □ = □	□
□	⚅ ⚂ ⚃ □ + □ + □ = □	⚃ ⚃ ⚃ □ + □ + □ = □	□

2. Alle Würfelaugen sollen die Zahl vorne ergeben.
Welche Würfel sind zu viel? Streiche sie weg.

18 ⚅ ⚃ ⚃ ⚃ ~~⚁~~
15 ⚁ ⚀ ⚃ ⚄ ⚄
13 ⚁ ⚂ ⚃ ⚃ ⚂
19 ⚃ ⚅ ⚃ ⚅ ⚄
16 ⚄ ⚄ ⚃ ⚂ ⚂

12 ⚃ ⚂ ⚄ ⚀ ⚂ ⚁
20 ⚄ ⚄ ⚅ ⚅ ⚂ ⚃
18 ⚅ ⚃ ⚁ ⚄ ⚃ ⚂
17 ⚄ ⚅ ⚄ ⚂ ⚁ ⚄
14 ⚅ ⚁ ⚄ ⚂ ⚂ ⚂

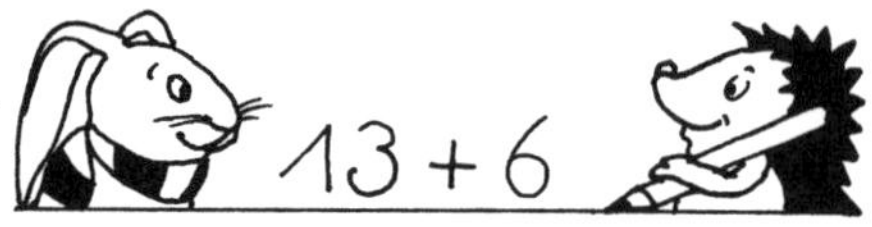

Ein Schritt für zwei Schritte: Vorwärts

Der schnelle Hase springt mit einem Satz. 7 + ☐ = 15

0	1	2	3	4	5	6	7	8	9	10	11	12	13	14	15	16	17	18	19	20

Der Igel macht bei 10 immer eine Pause. 7 + 3 + ☐ = ☐

Finde zu jeder Igelaufgabe die passende Hasenaufgabe. Verbinde und rechne.

8 + 2 + 5 = ☐ •	• 9 + 7 = ☐
9 + 1 + 6 = ☐ •	• 8 + 7 = ☐
6 + 4 + 1 = ☐ •	• 8 + 6 = ☐
8 + 2 + 4 = ☐ •	• 7 + 9 = ☐
6 + 4 + 2 = ☐ •	• 6 + 6 = ☐
7 + 3 + 6 = ☐ •	• 6 + 5 = ☐

So rechnet der Igel:

7 + 8 = ☐

3 5

7 + 3

10 + 5 = ☐

7 + 8 = 7 + 3 + 5 = ☐

Name:

Plusaufgaben mit Zehnerübergang

Mach es wie der Igel: Zerlege und rechne. Rahme das Zehnerpaar ein.

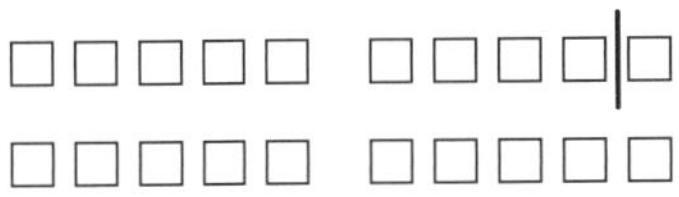

9 + 3 = 9 + 1 + 2 = ☐

9 + 4 = ☐ + ☐ + ☐ = ☐

9 + 5 = ☐ + ☐ + ☐ = ☐

9 + 6 = ☐ + ☐ + ☐ = ☐

9 + 7 = ☐ + ☐ + ☐ = ☐

9 + 8 = ☐ + ☐ + ☐ = ☐

9 + 9 = ☐ + ☐ + ☐ = ☐

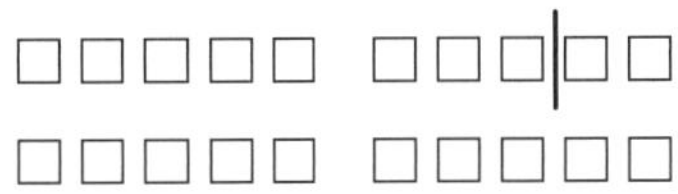

8 + 3 = ☐ + ☐ + ☐ = ☐

8 + 4 = ☐ + ☐ + ☐ = ☐

8 + 5 = ☐ + ☐ + ☐ = ☐

8 + 6 = ☐ + ☐ + ☐ = ☐

8 + 7 = ☐ + ☐ + ☐ = ☐

8 + 8 = ☐ + ☐ + ☐ = ☐

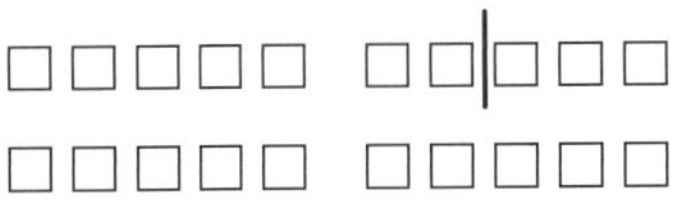

7 + 5 = ☐ + ☐ + ☐ = ☐

7 + 6 = ☐ + ☐ + ☐ = ☐

7 + 7 = ☐ + ☐ + ☐ = ☐

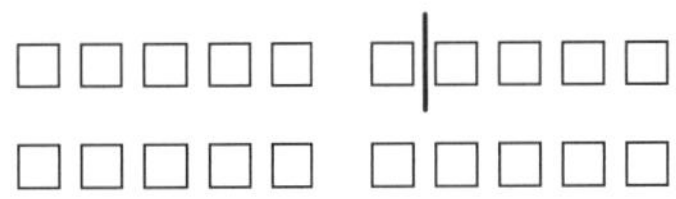

6 + 5 = ☐ + ☐ + ☐ = ☐

6 + 6 = ☐ + ☐ + ☐ = ☐

6 + 7 = ☐ + ☐ + ☐ = ☐

Name:

Ein Schritt für zwei Schritte: Rückwärts

Der schnelle Hase springt wieder gleich mit einem Satz. 14 – ☐ = 5

0	1	2	3	4	5	6	7	8	9	10	11	12	13	14	15	16	17	18	19	20

Der Igel läuft zuerst bis 10 zurück. 14 – 4 – ☐ = ☐

Finde zu jeder Igelaufgabe die passende Hasenaufgabe. Verbinde und rechne.

13 – 3 – 5 = ☐ •	• 14 – 6 = ☐
14 – 4 – 2 = ☐ •	• 15 – 7 = ☐
11 – 1 – 8 = ☐ •	• 13 – 8 = ☐
15 – 5 – 2 = ☐ •	• 16 – 9 = ☐
12 – 2 – 3 = ☐ •	• 12 – 5 = ☐
16 – 6 – 3 = ☐ •	• 11 – 9 = ☐

So rechnet der Igel:

14 – 9 = ☐

4 5

(14 – 4)

10 – 5 = ☐

14 – 9 = (14 – 4) – 5 = ☐

Name:

Minusaufgaben mit Zehnerübergang (1)

15 – 7?
Also, die Plusaufgaben kann ich nun, aber die Minusaufgaben …

Mein Tipp:
Erst zurück zur 10, dann den Rest weg.

Mach es wie der Igel. Zerlege die zweite Zahl und rechne zurück bis 10. Nimm dann den Rest weg. Rahme das Zehnerpaar ein.

□□□□□ □□□□□
□|□□□□ □□□□□

11 – 2 = [11 – 1] – 1 = □
11 – 3 = □ – □ – □ = □
11 – 4 = □ – □ – □ = □
11 – 5 = □ – □ – □ = □
11 – 6 = □ – □ – □ = □
11 – 7 = □ – □ – □ = □
11 – 8 = □ – □ – □ = □

□□□□□ □□□□□
□□|□□□ □□□□□

12 – 3 = □ – □ – □ = □
12 – 4 = □ – □ – □ = □
12 – 5 = □ – □ – □ = □
12 – 6 = □ – □ – □ = □
12 – 7 = □ – □ – □ = □
12 – 8 = □ – □ – □ = □
12 – 9 = □ – □ – □ = □

□□□□□ □□□□□
□□□|□□ □□□□□

13 – 4 = □ – □ – □ = □
13 – 5 = □ – □ – □ = □
13 – 6 = □ – □ – □ = □
13 – 7 = □ – □ – □ = □
13 – 8 = □ – □ – □ = □
13 – 9 = □ – □ – □ = □

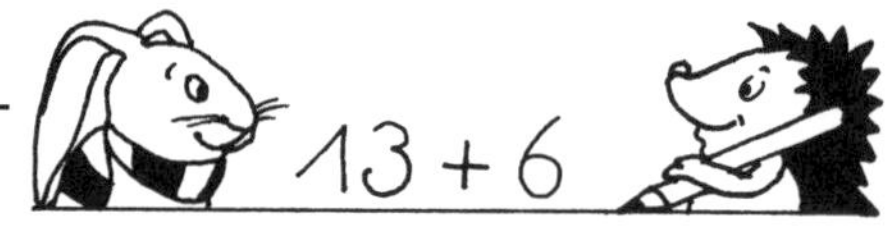

Minusaufgaben mit Zehnerübergang (2)

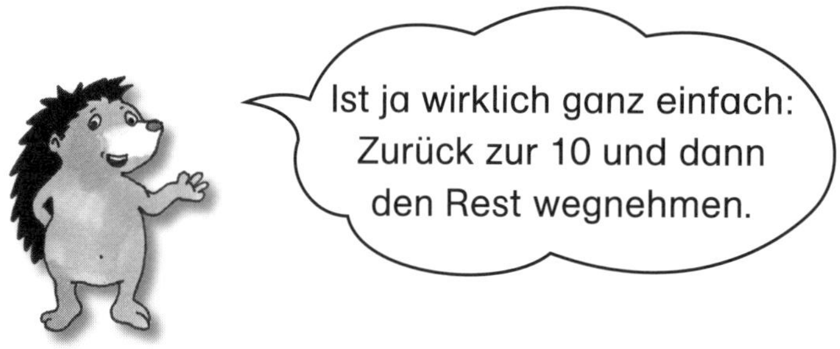

Mach es wie der Igel. Zerlege die zweite Zahl und rechne zurück bis 10. Nimm dann den Rest weg. Rahme das Zehnerpaar ein.

□□□□□ □□□□□
□□□□|□ □□□□□

14 − 5 = [14 − 4] − 1 = □
14 − 6 = □ − □ − □ = □
14 − 7 = □ − □ − □ = □
14 − 8 = □ − □ − □ = □
14 − 9 = □ − □ − □ = □

□□□□□ □□□□□
□□□□□| □□□□□

15 − 6 = □ − □ − □ = □
15 − 7 = □ − □ − □ = □
15 − 8 = □ − □ − □ = □
15 − 9 = □ − □ − □ = □

□□□□□ □□□□□
□□□□□ □|□□□□

16 − 7 = □ − □ − □ = □
16 − 8 = □ − □ − □ = □
16 − 9 = □ − □ − □ = □

□□□□□ □□□□□
□□□□□ □□|□□□

17 − 8 = □ − □ − □ = □
17 − 9 = □ − □ − □ = □

□□□□□ □□□□□
□□□□□ □□□|□□

18 − 9 = □ − □ − □ = □

Name:

Verwandte Aufgaben über den Zehner

Immer vier Aufgaben gehören zu einer Familie.

	4 + 7 = ☐	Umkehraufgabe	☐ − 7 = 4
Tauschaufgabe	7 + 4 = ☐	Umkehraufgabe	☐ − 4 = 7

1. Welche vier Aufgaben gehören zu einer Aufgabenfamilie?
Rahme sie mit der gleichen Farbe ein und rechne.

4 + 9 = ☐	13 − 8 = ☐	6 + 8 = ☐
14 − 8 = ☐	14 − 6 = ☐	13 − 4 = ☐
13 − 5 = ☐	5 + 8 = ☐	9 + 4 = ☐
13 − 9 = ☐	8 + 6 = ☐	8 + 5 = ☐

2. Schreibe die fehlenden Aufgaben auf.

U	Aufgabe	T	U
☐ − 9 = 6	6 + 9 = ☐	9 + 6 = ☐	☐ − 6 = 9
	4 + 8 = ☐		
		6 + 5 = ☐	
13 − 7 = ☐			
			17 − 9 = ☐

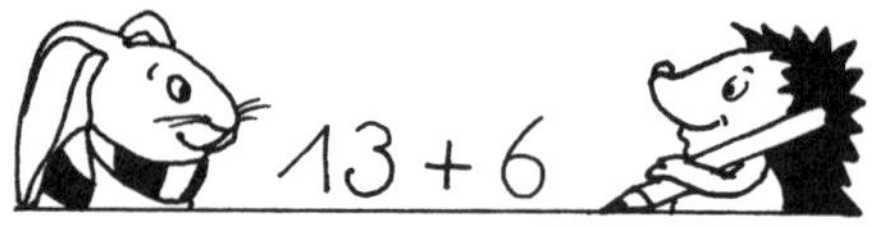

Domino: Rechnen über den Zehner

Start 	6 + 7 =	8	8 + 9 =
3	3 + 8 =	5	7 + 9 =
13	16 − 8 =	15	14 − 7 =
17	12 − 9 =	12	13 − 8 =
7	5 + 9 =	9	9 + 9 =
16	11 − 7 =	4	7 + 8 =
14	15 − 9 =	6	8 + 4 =
11	12 − 6 =	18	

Mein Einspluseinsbuch

Name: ______________________________

Einspluseins bis 20

1 + 1									
2 + 1	2 + 2								
3 + 1	3 + 2	3 + 3							
4 + 1	4 + 2	4 + 3	4 + 4						
5 + 1	5 + 2	5 + 3	5 + 4	5 + 5					
6 + 1	6 + 2	6 + 3	6 + 4	6 + 5	6 + 6				
7 + 1	7 + 2	7 + 3	7 + 4	7 + 5	7 + 6	7 + 7			
8 + 1	8 + 2	8 + 3	8 + 4	8 + 5	8 + 6	8 + 7	8 + 8		
9 + 1	9 + 2	9 + 3	9 + 4	9 + 5	9 + 6	9 + 7	9 + 8	9 + 9	
10 + 1	10 + 2	10 + 3	10 + 4	10 + 5	10 + 6	10 + 7	10 + 8	10 + 9	10 + 10
11 + 1	11 + 2	11 + 3	11 + 4	11 + 5	11 + 6	11 + 7	11 + 8	11 + 9	
12 + 1	12 + 2	12 + 3	12 + 4	12 + 5	12 + 6	12 + 7	12 + 8		
13 + 1	13 + 2	13 + 3	13 + 4	13 + 5	13 + 6	13 + 7			
14 + 1	14 + 2	14 + 3	14 + 4	14 + 5	14 + 6				
15 + 1	15 + 2	15 + 3	15 + 4	15 + 5					
16 + 1	16 + 2	16 + 3	16 + 4						
17 + 1	17 + 2	17 + 3							
18 + 1	18 + 2								
19 + 1									

Rechnen bis 10

Plusaufgabe	Umkehraufgabe
1 + 1 = □	□ − 1 = 1
2 + 1 = □	
3 + 1 = □	
4 + 1 = □	
5 + 1 = □	
6 + 1 = □	
7 + 1 = □	
8 + 1 = □	
9 + 1 = □	

3 + 3 = □	□ − 3 = 3
4 + 3 = □	
5 + 3 = □	
6 + 3 = □	
7 + 3 = □	

Plusaufgabe	Umkehraufgabe
2 + 2 = □	□ − 2 = 2
3 + 2 = □	
4 + 2 = □	
5 + 2 = □	
6 + 2 = □	
7 + 2 = □	
8 + 2 = □	

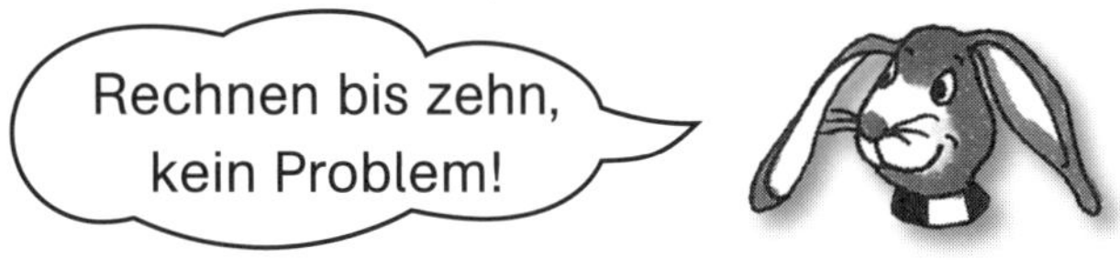

4 + 4 = □	□ − 4 = 4
5 + 4 = □	
6 + 4 = □	
5 + 5 = □	

Zerlegaufgaben bis 10

Zerlegaufgabe	Tauschaufgabe
10 = 9 + □	10 = □ + 9
10 = 8 + □	
10 = 7 + □	
10 = 6 + □	
10 = 5 + □	

8 = 7 + □	8 = □ + 7
8 = 6 + □	
8 = 5 + □	
8 = 4 + □	

6 = 5 + □	6 = □ + 5
6 = 4 + □	
6 = 3 + □	

Zerlegaufgabe	Tauschaufgabe
9 = 8 + □	9 = □ + 8
9 = 7 + □	
9 = 6 + □	
9 = 5 + □	

7 = 6 + □	7 = □ + 6
7 = 5 + □	
7 = 4 + □	

5 = 4 + □	5 = □ + 4
5 = 3 + □	

Kleine und große Aufgaben

kleine Aufgabe	große Aufgabe
1 + 0 = ☐	11 + 0 = ☐
1 + 1 = ☐	11 + 1 = ☐
	11 + 2 = ☐
	11 + 3 = ☐
	11 + 4 = ☐
	11 + 5 = ☐
	11 + 6 = ☐
	11 + 7 = ☐
	11 + 8 = ☐
	11 + 9 = ☐

kleine Aufgabe	große Aufgabe
10 – 1 = ☐	20 – 1 = ☐
10 – 2 = ☐	20 – 2 = ☐
10 – 3 = ☐	
10 – 4 = ☐	
10 – 5 = ☐	
10 – 6 = ☐	
10 – 7 = ☐	
10 – 8 = ☐	
10 – 9 = ☐	
10 – 10 = ☐	

Mit diesen kleinen Aufgaben
komm ich ganz groß raus!

Rechnen bis 20 ohne Zehnerübergang

Plusaufgabe	Umkehraufgabe
10 + 1 = ☐	☐ – 1 = 10
10 + 2 = ☐	
10 + 3 = ☐	
10 + 4 = ☐	
10 + 5 = ☐	
10 + 6 = ☐	
10 + 7 = ☐	
10 + 8 = ☐	
10 + 9 = ☐	
10 + 10 = ☐	

Plusaufgabe	Umkehraufgabe
10 + 1 = ☐	☐ – 1 = 10
11 + 1 = ☐	
12 + 1 = ☐	
13 + 1 = ☐	
14 + 1 = ☐	
15 + 1 = ☐	
16 + 1 = ☐	
17 + 1 = ☐	
18 + 1 = ☐	
19 + 1 = ☐	

Kleine Zahlen, große Zahlen?
Mir bereitet's keine Qualen!

Rechnen bis 20 mit Zehnerübergang

Plusaufgabe	Umkehraufgabe
9 + 1 = ☐	☐ − 1 = 9
9 + 2 = ☐	
9 + 3 = ☐	
9 + 4 = ☐	
9 + 5 = ☐	
9 + 6 = ☐	
9 + 7 = ☐	
9 + 8 = ☐	
9 + 9 = ☐	

Plusaufgabe	Umkehraufgabe
8 + 2 = ☐	☐ − ☐ = ☐
8 + 3 = ☐	
8 + 4 = ☐	
8 + 5 = ☐	
8 + 6 = ☐	
8 + 7 = ☐	
8 + 8 = ☐	

Über die Zehn mit einem Schritt:
Das hält fit!

7 + 4 = ☐	☐ − 4 = 7
7 + 5 = ☐	
7 + 6 = ☐	
7 + 7 = ☐	

6 + 5 = ☐	☐ − 5 = 6
6 + 6 = ☐	

Halbieren und Verdoppeln

Plusaufgabe	Umkehraufgabe
1 + 1 = ☐	☐ − ☐ = ☐
2 + 2 = ☐	
3 + 3 = ☐	
4 + 4 = ☐	
5 + 5 = ☐	
6 + 6 = ☐	
7 + 7 = ☐	
8 + 8 = ☐	
9 + 9 = ☐	
10 + 10 = ☐	

Rechnen mit 0

Plusaufgabe	Umkehraufgabe
0 + 1 = ☐	☐ − ☐ = ☐
0 + 2 = ☐	
0 + 3 = ☐	
0 + 4 = ☐	
0 + 5 = ☐	
0 + 6 = ☐	
0 + 7 = ☐	
0 + 8 = ☐	
0 + 9 = ☐	
0 + 10 = ☐	

Halbieren und Verdoppeln
rechnet sich gut beim Hoppeln.

5. Kapitel: Größen und Arbeit an Sachsituationen

Vorbemerkung

Aufgrund der Bedeutsamkeit für ihren Lebensalltag lernen die Kinder in der ersten Jahrgangsstufe die Größenbereiche Zeit und Geld kennen. Das Thema Zeit kann fächerverbindend mit dem Sachunterricht behandelt werden und sollte sinnvoll mit den Themen Jahreslauf bzw. Tageslauf verbunden werden. Anknüpfungspunkte beim Thema Geld sind Einkaufssituationen und das eigene Taschengeld.

Sachbezogenes Rechnen kann auch über den bereits behandelten Zahlenraum hinausgehen. Nutzen Sie dabei die Gelegenheit, mit den Kindern einen „Blick über den Zaun“ zu werfen. Auch wenn diese grobe Erweiterung des Zahlenraums nicht streng systematisch erfolgt, ist sie gerade für gute Rechner reizvoll.

Die Kopiervorlagen dieses Kapitels sind weitgehend unabhängig vom arithmetischen Lernbereich. Dennoch bestehen zahlreiche Verknüpfungsmöglichkeiten, wie z. B. zur Einführung der Rechenoperationen (vgl. 2. Kapitel), wo Gleichungen aus Sachsituationen abgeleitet werden. Darüber hinaus sollten Sie im Unterricht immer wieder ergiebige Alltagssituationen aufgreifen und von den Kindern mathematisieren lassen.

Hinweise zu den Kopiervorlagen

Lerninhalte
- Aufbau einer Zeitvorstellung
- Kennenlernen der Einheiten Tag und Woche zur Messung der Zeitdauer
- Anwenden der erlernten Zahlen im Sachzusammenhang

KV Seite 107/108

Auf Weihnachten warten
Mein Adventskalender

Die Vorweihnachtszeit als „Zeit des Wartens“ bietet einen idealen Anlass, um sich mit den Zeiteinheiten Tag und Woche auseinanderzusetzen. Auf der ersten Kopiervorlage verbinden die Kinder zunächst die Namen der Wochentage mit den entsprechenden Abkürzungen und bringen sie anschließend mit Zahlen in die richtige Reihenfolge. Eventuell können sie dabei einen Kalender zuhilfe nehmen.

Passen Sie dann gemeinsam mit den Kindern den immerwährenden Adventskalender auf der zweiten Kopiervorlage dem aktuellen Jahr an: Tragen Sie den 1.12. in der ersten Zeile am entsprechenden Wochentag ein, damit die Kinder das Datum dann selbst fortsetzen können. Falls der erste Adventssonntag bereits in den November fällt, beginnen Sie mit einem entsprechend früheren Datum. Die Kärtchen auf der ersten Kopiervorlage schneiden die Schüler aus und kleben sie am jeweiligen Tag in den Adventskalender: die Namen der Wochentage in die graue Zeile am oberen Rand und die Bilder für „besondere Tage“ in das Feld des entsprechenden Tages, nachdem sie jeweils das Datum ergänzt haben (4.12. Barbaratag; 6.12. Nikolaustag; 13.12. Luciatag; 21.12. kürzester Tag bzw. längste Nacht; 24.12. Heiligabend; Adventssonntage mit variablem Datum). Auch hier kann ein aktueller Kalender hilfreich sein.

In die weiteren Felder des Adventskalenders können die Kinder das Tagesbild ihres Adventskalenders von zu Hause malen. Kinder, die keinen Adventskalender haben, übernehmen entweder das Bild eines anderen Kindes oder Sie machen einen Vorschlag.

Von einem Adventssonntag zum nächsten vergeht jeweils eine Woche. Vielleicht wird in einem Unterrichtsgespräch die unterschiedliche Länge der Adventszeit angesprochen, die jeweils vom Wochentag des 24. Dezembers abhängt und es manchmal erfordert, dass der erste Adventssonntag bereits im November ist.

Weiterführende Vorschläge

Mithilfe eines Adventskalenders im Klassenzimmer können sich die Kinder über vielfältige Aktivitäten die Zahlen bis 24 grob erschließen:

- Stellen Sie 24 Teelichter in einer Reihe auf, z. B. auf der Fensterbank. Die Kinder ordnen gemeinsam jedem Teelicht eine Zahlkarte von 1 bis 24 zu. Legen Sie nun zu den Teelichtern ein farbiges Zahlenband, bei dem jeweils fünf Zahlen eine andere Farbe haben, z. B. 1 – 5 hellgrün, 6 – 10 dunkelgrün, 11 – 15 hellrot, 16 – 20 dunkelrot und 21 – 24 gelb. Auf diese Weise wird die Zahlenreihe in Fünfer strukturiert. Die Kinder stellen fest, dass die Adventszeit 10 + 10 + 4 Tage, also 24 Tage dauert.
- Üben Sie mit den Kindern die Sprechweise der Zahlen von 11 bis 19 ein: „10 Tage und ein Tag sind 11 Tage …“ Legen Sie auf die Null der Zahlkarte mit 10 den Einer 1 (vgl. Kopiervorlage „Zehnerbündel“ auf Seite 62) und zeigen Sie so den Kindern, wie der Einer die Null „überdeckt“.
- Jeden Tag wird das Datum des aktuellen Tages genannt sowie die vergangene und künftige Zeit überblickt, z. B.: „Heute ist Freitag, der 7. Dezember. Sechs Tage sind vergangen, 18 Tage müssen wir noch bis Weihnachten warten.“

Meine Woche

KV Seite 109

Auf dieser Kopiervorlage werden die Wochentage im Verlauf einer Woche genauer betrachtet. Bei der ersten Aufgabe begründen die Kinder ihre Vorliebe für einen bestimmten Tag der Woche. Dabei sollte auch auf die regelmäßige Wiederholung mancher Aktivitäten eingegangen werden. Bei der zweiten Aufgabe wird das Strukturieren einer Woche mithilfe von Zeitbegriffen wie „gestern/morgen“ geübt. Schließlich berichten die Kinder von ihren Aktivitäten an den einzelnen Wochentagen. Die Kärtchen am unteren Seitenrand enthalten Symbole für einzelne Schulfächer und Freizeitaktivitäten (Sport, Musik, Kunst, Textilarbeit/Werken), die die Kinder ausschneiden und ihrem Wochenplan entsprechend in die Spalten einkleben.

Lösung

Aufgabe 2:

vorgestern	gestern	heute	morgen	übermorgen
Mo	Di	Mi	Do	Fr
Fr	Sa	So	Mo	Di
So	Mo	Di	Mi	Do
Mi	Do	Fr	Sa	So
Di	Mi	Do	Fr	Sa

Lerninhalte
- Aufbau einer Zeitvorstellung
- Kennenlernen der Einheiten Jahr und Monat zur Messung der Zeitdauer
- Ermitteln von Anzahlen mit Strichlisten
- Lösen von Zahlenrätseln
- Anwenden von erlernten Rechenoperationen im Sachzusammenhang
- Ermitteln der Zeitdauer zwischen Tagen

Wie alt bist du? Alles Gute zum Geburtstag!

KV Seite 110/111

Auf diesen beiden Kopiervorlagen wird das Thema Geburtstag genauer betrachtet. Auf Seite 110 steht das Alter der Kinder im Mittelpunkt: Die Schüler malen die entsprechende Geburtstagstorte aus.

Bei der zweiten Aufgabe finden sie mithilfe einer Strichliste die Anzahl der Kinder heraus, die jeweils gleich alt sind. Die Zahlenrätsel der dritten Aufgabe setzen voraus, dass die Kinder bereits im Zahlenraum bis 20 rechnen können.

Die Kopiervorlage auf Seite 111 ist im Zusammenhang mit den Themen Jahreslauf, Jahreszeiten und Monate einsetzbar. Fertigen Sie als Vorarbeit gemeinsam mit den Kindern einen Geburtstagskalender an, in dem bei jedem Monat die Namen der Geburtstagskinder genannt werden. Für die Monate der einzelnen Jahreszeiten können Sie jeweils verschiedene Farben verwenden. Dieser Kalender, der im Klassenzimmer aufgehängt wird, kann als Hilfe für die Bearbeitung der ersten Aufgabe dienen.

Bei der zweiten Aufgabe wiederholen die Kinder die Reihenfolge der Wochentage. Für jede Nacht legen sie als Merkhilfe einen Spielwürfel vor sich auf den Tisch und zählen die Würfel zum Schluss zusammen.

Lösung Seite 110

Aufgabe 3:

David: 13 Jahre, Verena: 8 Jahre,
Julia: 12 Jahre, Erkan: 6 Jahre

Lösung Seite 111

Aufgabe 2:

Lukas: 4-mal, Yasmin: 7-mal, Ömer: 6-mal, Katrin: 3-mal

Lerninhalte
- Bestimmen von Uhrzeiten (volle Stunden)
- Unterscheiden zwischen Zeitpunkt und Zeitdauer
- Ermitteln der Zeitdauer zwischen Uhrzeiten

Lisas Tag

KV Seite 112

Anhand des Tageslaufs verschaffen sich die Kinder einen Überblick über einen Tag und üben das Ablesen der Uhrzeiten in vollen Stunden. Erklären Sie dabei, dass ein Tag 24 Stunden hat und jeweils von Mitternacht bis Mitternacht dauert.

Die Kinder ergänzen in den leeren Feldern vier passende Bilder. Anschließend stellen sie fest, wie lange die einzelnen Tätigkeiten (schlafen, lernen, spielen, schlafen) dauern. Die Kinder sprechen jeweils zu den Bildern, z. B.: „Von 0 Uhr bis 7 Uhr vergehen 7 Stunden.“

Klären Sie dafür zuvor die Begriffe „Zeitpunkt“ und „Zeitdauer“, z. B.:

Zeitdauer 1 Stunde = 1 h

• ————————→ •

8 Uhr **Zeitpunkt** — 9 Uhr **Zeitpunkt**

An dieser Stelle soll darauf hingewiesen werden, dass es mathematisch nicht korrekt ist, Rechnungen zur Zeitdauer in Gleichungsform (z. B. 0 Uhr + 7 h = 7 Uhr) zu notieren. Es handelt sich um unterschiedliche Größen und Benennungen, die nicht miteinander verbunden werden dürfen. Möglich sind entweder „Pfeilbilder“ wie auf der Kopiervorlage oder die Notation in einer Tabelle.

Lösung

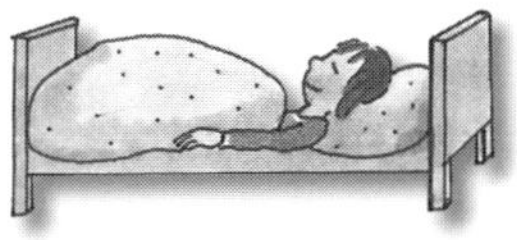

Aufgabe 1:

Zeitpunkt	Zeitdauer	Zeitpunkt
0 Uhr	7 h	7 Uhr
8 Uhr	3 h	11 Uhr
14 Uhr	5 h	19 Uhr
20 Uhr	4 h	0 Uhr

Weiterführender Vorschlag

Die Kinder zerschneiden die Kopiervorlage in acht Kärtchen, legen alle Kärtchen nebeneinander in eine Reihe und bestimmen jeweils die Zeitdauer von einem Kärtchen zum nächsten. Alternativ greifen sie zwei beliebige Kärtchen heraus und legen sie so nebeneinander, dass das frühere Ereignis links von dem späteren Ereignis liegt. Auch hier können die Kinder wieder die Zeitdauer bestimmen.

Lerninhalte

- Benennen der Münzen und Geldscheine bis 10 Cent und 10 Euro
- Benennen von Geldbeträgen bis 10 Cent und 10 Euro
- Kennenlernen der verschiedenen Darstellungsweise von Geldbeträgen
- Verstehen der Bündelung beim Geld in Zweier und Fünfer
- Erkennen, dass die Höhe eines Geldbetrags nicht nur von der Anzahl der Münzen, sondern auch vom Wert der Münzen bestimmt wird

KV Seite 113

Unser Geld

Diese Kopiervorlage regt dazu an, zunächst die Vorerfahrungen der Kinder zu sammeln: Der Hase hat drei Münzen, der Igel nur eine Münze. Doch obwohl der Hase mehr Münzen hat, sind seine 1-Cent-Münzen weniger wert als die Münze des Igels, da ein Euro viel mehr wert ist als ein Cent. Lassen Sie die Kinder Beispiele dafür nennen, was man für 1 Euro kaufen kann und was für 1 Cent. Auch wenn die Kinder die Zahlen bis 100 noch nicht kennen, können Sie ihnen bereits erklären, dass 100 Cent einem Euro entsprechen. Die Münze des Igels ist also 100 Cent wert. Auf diese Weise entwickeln die Kinder eine erste Vorstellung vom Wert des Geldes.

Im Folgenden werden die Münzen und Scheine bis zu jeweils dem maximalen Wert 10 vorgestellt. Die Kinder sollten die Möglichkeit haben, die Münzen anhand realen Geldes untersuchen zu können. Insbesondere die Rückseiten der Münzen, die in jedem Mitgliedsland der Europäischen Union unterschiedlich gestaltet sind, sollten dabei genauer betrachtet werden. Selbstverständlich können dabei auch die restlichen Münzen (20 Cent, 50 Cent) vorgestellt werden.

Zugleich lernen die Kinder die Abkürzungen für Cent und Euro kennen. Die Schreibweise des Euro-Zeichens trainieren die Schüler zunächst durch Nachspuren, wie es ihnen vom Erlernen der Ziffern- und Buchstabenformen bekannt ist, dann durch selbstständiges Schreiben. Beachten Sie, dass die Abkürzung für Cent klein geschrieben wird.

Für die weitere Arbeit mit Geld sollten die Kinder Rechengeld zur Verfügung haben, mit dessen Hilfe sie Geldbeträge und Rechenoperationen veranschaulichen können. Zu Demonstrationszwecken an der (Haft-)Tafel eignet sich zudem sehr gut ein „großer“ Satz Rechengeld.

Weiterführende Vorschläge

- Legen Sie jedem Kind eine (zwei, drei) „echte“ Münzen in die Hand. Die Kinder ertasten die Münze und nennen ihren Wert. Dabei kann angesprochen werden, dass die unterschiedliche Größe und Randgestaltung der Münzen es auch Blinden ermöglichen soll, die Münzen eindeutig zu bestimmen.
- Mithilfe der Frottagetechnik können die Kinder die Münzen auf Papier übertragen bzw. „durchrubbeln“. Dafür legen sie ein Blatt Papier auf die Münze und reiben dann mit einem flach gehaltenen weichen Bleistift oder Wachsmalkreide gleichmäßig über das Papier. So wird die Originalgröße und die Oberfläche der Münze sichtbar. Die Kinder schneiden die Rubbelbilder anschließend aus und kleben sie auf die Kopiervorlage jeweils neben die entsprechenden Münzen.
- Die Kinder finden Dinge, die man mit jeweils einer Münze kaufen kann, und zeichnen sie. Beispiele im Cent-Bereich: 1 ct – Gummibärchen; 2 ct – Bonbon; 5 ct – Kaugummi; 10 ct – Lutscher.

KV Seite 114/115

Centmünzen

Als Vorarbeit für die folgenden Aufgaben ist diese Übung geeignet: An der (Haft-)Tafel sind je eine 10-Cent-, 5-Cent-, 2-Cent- und 1-Cent-Münze zu sehen. Die Kinder berichten über ihre Erfahrungen mit Geld,

z. B. wie viel Geld sie evtl. für den Pausenverkauf dabei haben, wie viel Geld sie zu Hause gespart haben, was man für diese Münzen kaufen kann. Verdeutlichen Sie an der Tafel den unterschiedlichen Wert jeder Münze durch Umwechseln (Tauschen) in 1-Cent-Münzen: z. B. „Für eine 2-Cent-Münze bekomme ich zwei 1-Cent-Münzen." oder kurz: „Für einen Zweier bekomme ich zwei Einer." Lassen Sie die Kinder zeigen, in welche Münzen sich jede Münze wechseln lässt.

Auf der Kopiervorlage Seite 114 kreisen die Kinder zunächst jeweils 5 Cent, bei der zweiten Aufgabe jeweils 10 Cent ein. Lassen Sie die Schüler zuvor mithilfe ihres Rechengelds alle Möglichkeiten, wie die Münzen kombiniert werden können, herausfinden. Auch wenn das Einkreisen nicht bei allen Kindern „aufgehen" mag, zeigen Sie auf einer Folie, dass die vielen Münzen in eine 50-Cent-Münze bzw. 1-Euro-Münze (leere Münze beschriften) eingetauscht werden können.

Auf Seite 115 trainieren die Kinder das Legen, Bestimmen und Vergleichen von Geldbeträgen mit Centmünzen im Zahlenraum bis 10. Weisen Sie die Kinder darauf hin, dass die Einheit Cent immer angegeben werden muss, da sonst nicht eindeutig erkennbar ist, ob es sich um Cent oder Euro handelt.

Lösung Seite 115

Aufgabe 1:

	4 ct	7 ct	8 ct	6 ct
5 Cent	0	1	1	1
2 Cent	2	1	1	0
1 Cent	0	0	1	1

Aufgabe 2:

Anna	7 ct	Lukas	9 ct
Leo	6 ct	Sara	9 ct
Ömer	9 ct	Talea	10 ct
Julia	9 ct	Niklas	7 ct

Aufgabe 3:

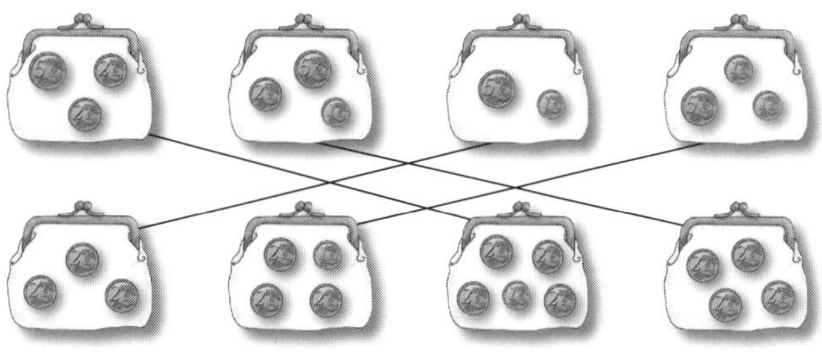

KV Seite 116/117

Euromünzen und Euroscheine

Die Kinder übertragen ihre Einsichten von der Einheit Cent auf die Einheit Euro und festigen ihre Kenntnisse. Die Vorarbeit kann mit Euromünzen und Euroscheinen ähnlich wie bei den Centmünzen (vgl. Hinweise zu Seite 114) erfolgen. Die Besonderheit liegt hier darin, dass es nur 1- und 2-Euro-Münzen gibt, alle größeren Geldwerte sind Scheine.

Auf der ersten Kopiervorlage wird das Wechseln der Geldscheine analog zur Seite 114 mit Euro trainiert. Die dritte Aufgabe dient als Anregung für die Kinder, selbst Muster mit Münzen zu legen und zu zeichnen.

Analog zur Seite 115 üben die Kinder auf Seite 117 das Legen, Bestimmen und Vergleichen von Geldbeträgen mit Euromünzen im Zahlenraum bis 10. Achten Sie darauf, dass die Kinder beim selbstständigen Schreiben von Geldbeträgen immer die Einheit dazuschreiben.

Lösung Seite 116

Aufgabe 1:

2 €	1	2	0
1 €	3	1	5

Aufgabe 2:

5 €	1	1	2	0	0	0	0	0
2 €	2	1	0	5	4	3	2	1
1 €	1	3	0	0	2	4	6	8

Aufgabe 3:

6 €, 10 €, 9 €, 10 €

Lösung Seite 117

Aufgabe 1:

	6 €	3 €	9 €	8 €
5 Euro	1	0	1	1
2 Euro	0	1	2	1
1 Euro	1	1	0	1

Aufgabe 2:

Katrin und Onur haben je 8 € gespart.

Aufgabe 3:

Ben	4 €	Lotte	8 €
Eva	9 €	Felix	10 €
Luisa	10 €	Dennis	8 €
Martin	7 €	Lea	10 €

Weiterführende Vorschläge

- Die Kinder erstellen eine „Geldkartei“ für die Freiarbeit. Dafür kleben sie Rechengeld in unterschiedlichen Geldbeträgen auf kleine Karteikarten und schreiben auf die Rückseite den Wert. Achten Sie darauf, dass die Kinder nur jeweils Centmünzen bzw. Euromünzen und -scheine kombinieren.
- Die Kinder führen Verkaufsspiele mit Schulsachen durch. Dabei geben sie den Gegenständen Fantasiepreise, die sie jeweils mit Rechengeld legen.

Lerninhalte

- Schätzen von Anzahlen und Bestimmen von Anzahlen durch Zählen
- Gliedern von Mengen in Fünfer und Zehner als Strategie zur Anzahlbestimmung
- Verstehen des dekadischen Aufbaus der Zahlen durch dekadisches Bündeln
- Erfassen der von der dekadischen Bündelung abweichenden Bündelung beim Geld in Zweier und Fünfer
- Benennen von Geldbeträgen bis 20 Cent und 20 Euro
- Darstellen von Geldbeträgen bis 20 Cent und 20 Euro auf verschiedene Weise

Einer in Zehner wechseln

KV Seite 118

Diese Kopiervorlage kann auch zur Einführung der Zahlen bis 20 vor der Kopiervorlage „Zehnerbündel“ (Seite 62) eingeschoben werden. Die Kinder bündeln die 1-Cent-Münzen in Zehner und tragen die Bündelergebnisse in die Stellentafel ein. So gewinnen sie Einsicht in den dekadischen Zahlaufbau.

Vom Geld lassen sich die Begriffe „Zehner“ und „Einer“, die in der Stellentafel gebraucht werden, leicht ableiten: Statt der langen Wörter „10-Cent-Stück“ und „1-Cent-Stück“ sagen wir kurz „Zehner“ und „Einer“. Beim handelnden Bündeln mit Spielgeld sollten die Kinder auch folgende „Spezialfälle“ mehrmals erfahren:

Zahlen unter 10 → 0 Zehner, nur Einer
10 → 1 Zehner, 0 Einer
20 → 2 Zehner, 0 Einer
Zahlen über 20, z. B. 21 → 2 Zehner, 1 Einer

Zeigen Sie dabei immer wieder auf die Spalten in der Stellentafel und lassen Sie die Kinder den Wert angeben: 1 in der Zehnerspalte bedeutet 10, 1 in der Einerspalte 1.

Lösung

Aufgabe 2:

Julia 11 ct	10	1
	1	1

Leo 18 ct	10	1
	1	8

Ömer 20 ct	10	1
	2	0

Anna 9 ct	10	1
	0	9

Das wenigste Geld hat Anna (9 ct). Das meiste Geld hat Ömer (20 ct).

Weiterführender Vorschlag

Als umgekehrte Übung trainieren die Kinder das Entbündeln, indem sie passende Münzen auf den Tisch legen und die dazugehörende Zahl benennen, z. B.: „17 → 1 Zehner, 7 Einer, das sind zusammen 17.“

Geldbeträge bis 20 Cent und 20 Euro

KV Seite 119/120

Wird der Zehner bei diesen Aufgaben durch eine 10-Cent-Münze bzw. einen 10-Euro-Schein repräsentiert, so lässt sich der Betrag analog zu den Beträgen bis 10 Cent bzw. 10 Euro leicht ermitteln. Ist der Zehner jedoch durch mehrere Münzen oder Scheine dargestellt, ist das Zählen und Rechnen aufwändiger.

Es empfiehlt sich, sowohl mit Cent als auch mit Euro nochmals Zähl- und Wechselübungen durchzuführen, da die von der dekadischen Bündelung abweichende Bündelung beim Geld nicht allen Kindern leichtfällt.

Beide Kopiervorlagen können im Zusammenhang mit dem 4. Kapitel „Rechnen bis 20“ bearbeitet werden.

Lösung Seite 119

Aufgabe 1:

Paula und Irem haben je 15 ct.

Aufgabe 2:

Fehlende Münzen: 1 ct – 5 ct – 2 ct – 10 ct

Aufgabe 3:

	15 ct	12 ct	16 ct	14 ct
10 Cent	1	1	1	1
5 Cent	1	0	1	0
2 Cent	0	1	0	2
1 Cent	0	0	1	0

Lösung Seite 120

Aufgabe 1:

Yannick und Yasmin haben je 18 €.

Aufgabe 2:
Zu viel sind: 1 € – 5 € – 5 € – 10 €

Aufgabe 3:

	20 €	17 €	16 €	14 €
20 Euro	1	0	0	0
10 Euro	0	1	1	1
5 Euro	0	1	1	0
2 Euro	0	1	0	2
1 Euro	0	0	1	0

Lerninhalte
- Erschließen von Sachsituationen aus Bildern und einfachen Texten
- Zuordnen der Rechenfrage zu einfachen Rechengeschichten
- Aufschreiben passender Rechnungen zu einer Rechengeschichte
- Notieren von Gleichungen zu Sachsituationen
- Anwenden der erlernten Rechenoperationen im Sachzusammenhang

KV Seite 121

Ein Klassenfest

Die entsprechenden Preise für das Erstellen der Rechnungen entnehmen die Kinder den Bildern. Das Legen mit Rechengeld kann dabei als anschauliche Lösungshilfe genutzt werden.

Lösung
Aufgabe 1:

Simon	Sarah	Leon
9 € + 7 € = 16 €	17 € + 3 € = 20 €	2 € + 5 € = 7 €

Aufgabe 2:

20 € – 17 € = 3 €	5 € – 2 € = 3 €	10 € – 9 € = 1 €
5 € – 3 € = 2 €	10 € – 7 € = 3 €	3 € + 2 € = 5 €
		10 € – 5 € = 5 €

KV Seite 122

Tiergeschichten

Die erste Aufgabe zeigt, wie sich Aufgaben mit mehreren gleichen Summanden durch Verdoppeln vereinfachen und schnell lösen lassen. Vor dem Bearbeiten der zweiten Aufgabe überlegen die Kinder, wie sie analog zur ersten Aufgabe Bilder zeichnen können. Das jeweilige Tier ist als Hilfe abgebildet. Lesen Sie bei der dritten Aufgabe die Knobeltexte vor, damit die Kinder nicht aufgrund von Lese- und Verständnisproblemen scheitern. Demonstrieren Sie an der Tafel, dass z. B. die Vorderbeine zwar zweimal genannt werden (einmal als Vorderbeine, einmal als linkes bzw. rechtes Bein), aber nur einmal zu zählen sind.

Diese Kopiervorlage kann im Zusammenhang mit dem Verdoppeln bzw. den geraden Zahlen im Zahlenraum bis 20 eingesetzt werden.

Lösung
Aufgabe 1:
4 + 4 + 4 + 4 = 16   8 + 8 = 16

Aufgabe 2:
a) 4 + 4 + 4 + 4 + 4 = 20; 10 + 10 = 20
b) 6 + 6 + 6 = 18; 9 + 9 = 18
c) 8 + 8 = 16; 8 + 8 = 16

Aufgabe 3:
Der Hase hat 4 Beine.
Die Ameise hat 6 Beine.
Die Spinne hat 8 Beine.

KV Seite 123

Rechengeschichten

Diese Kopiervorlage führt die Kinder in das Lösungsschema einer Rechengeschichte ein. Während ein Teil der Klasse nach dem Bearbeiten einer Beispielaufgabe sicherlich selbstständig arbeiten kann, brauchen andere Kinder weiterhin Ihre Hilfe.
Gehen Sie wie folgt vor:
- Lesen Sie eine Aufgabe vor und lassen Sie einige Kinder den Inhalt wiederholen. Dabei werden die Zahlen im Text unterstrichen. Wer kann den Text auswendig sagen?
- Lassen Sie die passende Rechenfrage finden: Was sollen wir ausrechnen?
- Wiederholen Sie den Aufgabentext zusammen mit der Rechenfrage.
- Die Kinder machen an der Tafel Vorschläge für eine Zeichnung zum Text.
- Die Kinder nennen die passende Rechnung; bei falscher Nennung wird begründet, warum diese nicht passt.
- Lassen Sie die Kinder zum Schluss Text, Frage, Rechnung und Antwort vorlesen.
  Achten Sie darauf, dass die Kinder bei Aufgaben mit Geld die Einheit Euro nicht zu schreiben vergessen.

Lösung

① 7 + 4 = 11	② 16 – 7 = 9
③ 13 – 5 = 8	④ 6 € + 5 € = 11 €
⑤ 20 € – 17 € = 3 €	⑥ 9 + 3 = 12

Name:

Auf Weihnachten warten

Noch 24 Tage bis Weihnachten.

1. Was gehört zusammen? Verbinde.

Mittwoch	Sonntag	Dienstag	Montag	Donnerstag	Samstag	Freitag

Sa	Do	Mo	Mi	Fr	Di	So
		1				

2. Bringe die Wochentage mit Zahlen in die richtige Reihenfolge.

3. Mein Adventskalender

a) Schneide die Kärtchen mit den Wochentagen aus und klebe sie auf die grauen Felder des Adventskalenders auf dem zweiten Blatt.

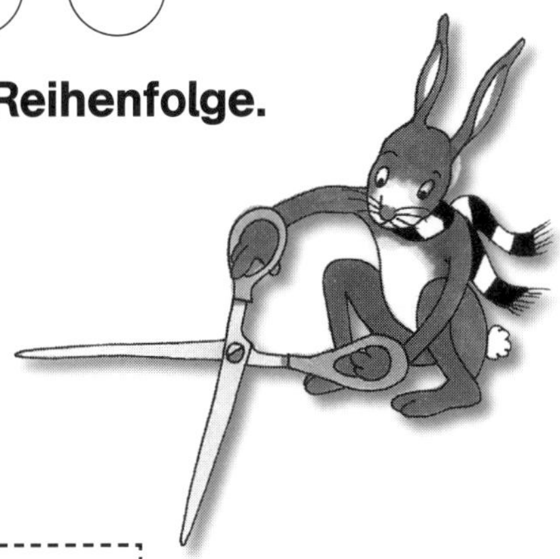

Freitag	Mittwoch	Montag	Sonntag
Donnerstag	Dienstag	Samstag	

b) Zu welchen Tagen passen die Bilder? Trage das Datum ein. Schneide die Bilder aus und klebe sie in den Adventskalender.

✂

 4.12.		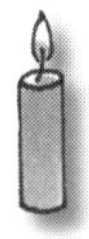		

Mein Adventskalender

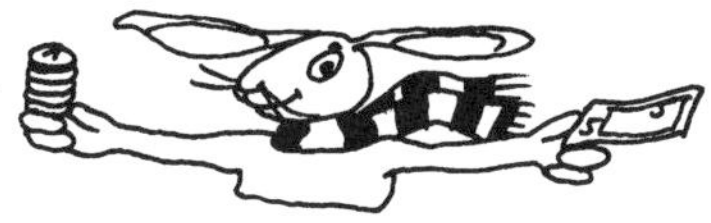

Name:

Meine Woche

1. Rahme deinen Lieblingstag rot ein.

Mo	**Di**	**Mi**	**Do**	**Fr**	**Sa**	**So**
Montag	Dienstag	Mittwoch	Donnerstag	Freitag	Samstag	Sonntag

2. Welcher Tag passt? Trage immer die ersten beiden Buchstaben ein.

vorgestern	gestern	**heute**	morgen	übermorgen
Mo	Di	Mi	Do	Fr
		So		
		Di		
	Do			
			Fr	

3. Was machst du wann? Schneide passende Bilder aus und klebe sie zu den richtigen Tagen. Was machst du noch? Male selbst.

Montag	Dienstag	Mittwoch	Donnerstag	Freitag	Samstag	Sonntag

Name:

Wie alt bist du?

1. Wie alt bist du? Male die Kerzen der passenden Geburtstagstorte aus.

Ich bin ☐ Jahre alt.

2. Wie viele Kinder in deiner Klasse sind 5, 6, 7 Jahre alt?
Mache für jedes Kind einen Strich und zähle dann zusammen.

	5 Jahre	6 Jahre	7 Jahre
zusammen			

3. Wie alt sind die Kinder?

Ich bin älter als 12, aber jünger als 14.

Mein Alter ist die Hälfte von 16.

Mein Alter ist das Doppelte von 6.

Ziehe von 15 die Zahl 9 ab. Dann weißt du mein Alter.

David ☐ Verena ☐ Julia ☐ Erkan ☐

Name:

Alles Gute zum Geburtstag!

1. In welchem Monat hast du Geburtstag?
Rahme den Monat rot ein.
In welchem Monat haben die Kinder deiner Klasse Geburtstag?
Mache Striche und zähle zusammen.

	Januar	Februar	März	April	Mai	Juni
zusammen						

	Juli	August	September	Oktober	November	Dezember
zusammen						

In welchem Monat haben die meisten Kinder Geburtstag? Rahme den Monat blau ein.
Und in welchem die wenigsten? Rahme den Monat grün ein.

2. Wie oft müssen die Kinder noch bis zu ihrem Geburtstag schlafen?

Zeitdauer →

	heute		Geburtstag
 Lukas	Mittwoch	☐ -mal	Sonntag
 Yasmin	Montag	☐ -mal	am nächsten Montag
 Ömer	Freitag	☐ -mal	Donnerstag
 Katrin	Dienstag	☐ -mal	Freitag

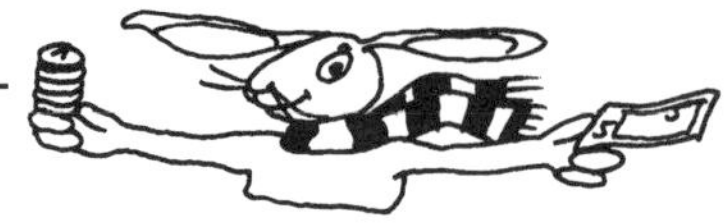

Name:

Lisas Tag

1. Wie viele Stunden vergehen? Trage ein. Ergänze die vier fehlenden Bilder.

____ Stunden

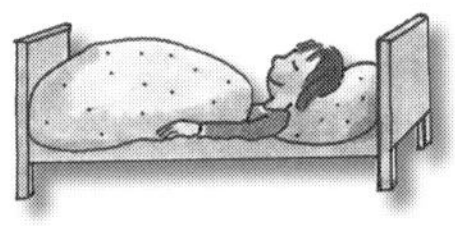

Es ist ____ Uhr.
Der neue Tag beginnt. Lisa schläft fest.

Es ist ____ Uhr. Lisa steht auf.

____ Stunden

Es ist ____ Uhr. Lisa ist in der Schule.

Es ist ____ Uhr. Lisa kommt nach Hause.

____ Stunden

Es ist ____ Uhr. Lisa spielt.

Es ist ____ Uhr. Lisa isst Abendessen.

____ Stunden

Es ist ____ Uhr. Lisa geht ins Bett.

Es ist ____ Uhr.
Der alte Tag ist zu Ende. Lisa schläft fest.

2. Wie sieht dein Tag aus? Erzähle.

Name:

Unser Geld

1. Wie viel Geld hat der Hase, wie viel Geld hat der Igel? Wer hat mehr Geld? Kreise ein.

Cent ct		Euro €	
	1 ct		1 €
	2 ct		2 €
	5 ct		5 €
	10 ct		10 €

2. Spure nach.

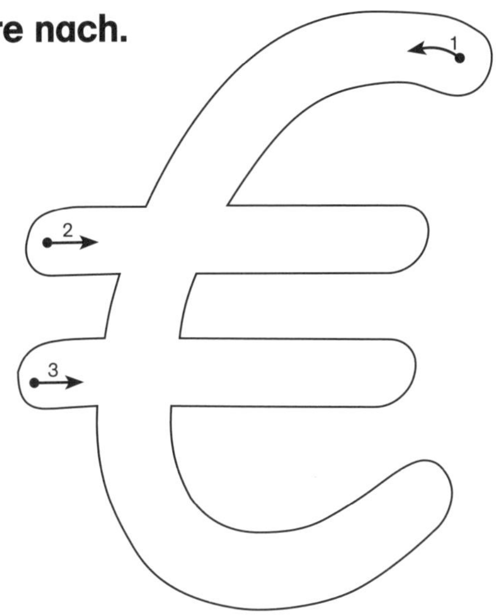

3. Schreibe schöne Euro-Zeichen.

€

Name:

Centmünzen (1)

1. Kreise immer 5 ct ein.

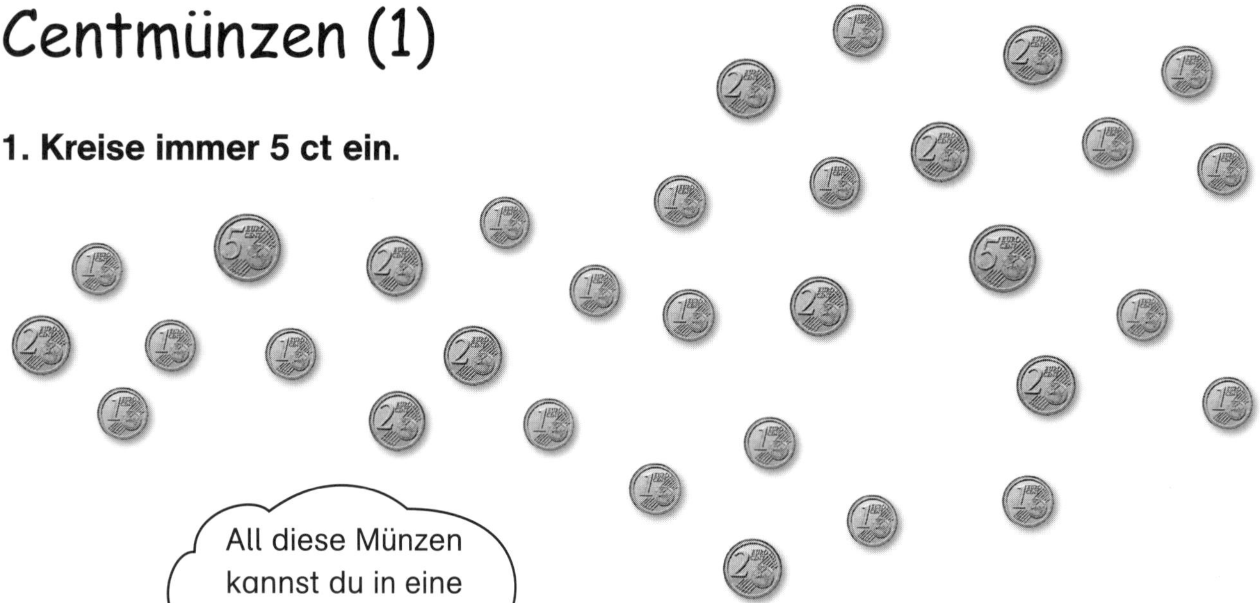

2. Male die richtige Münze.

3. Kreise immer 10 ct ein.

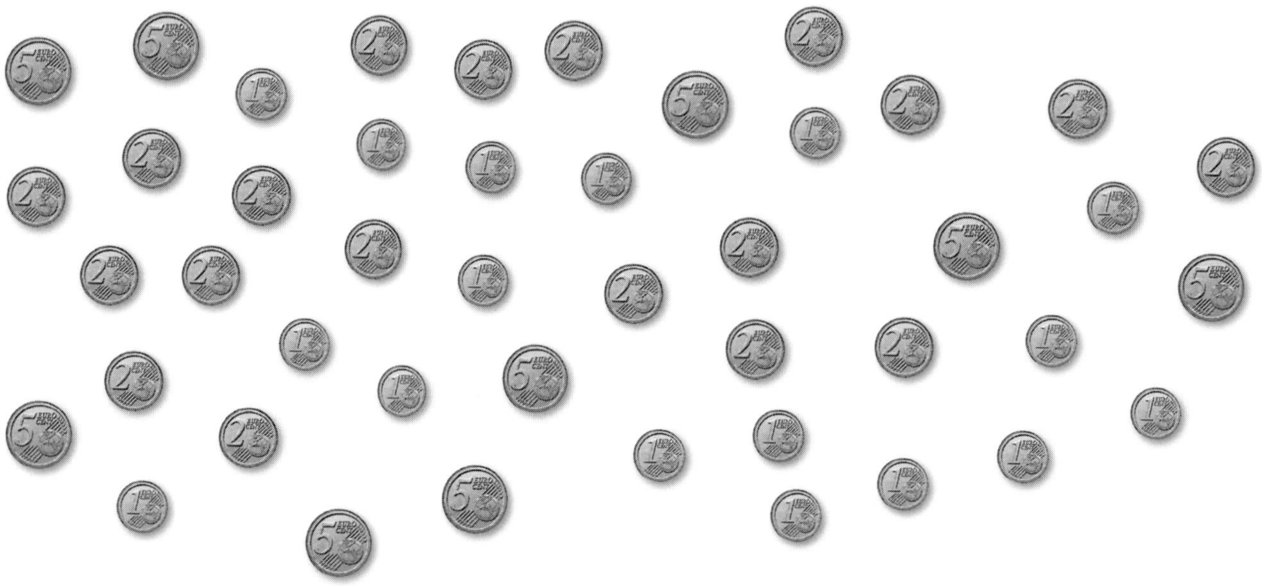

4. In welche einzelne Münze kannst du diese Münzen umtauschen? Male.

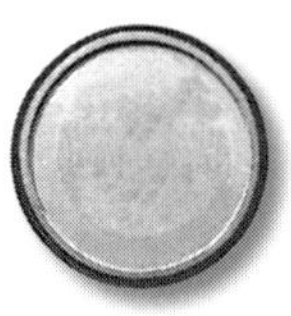

Name:

Centmünzen (2)

1. Lege mit möglichst wenigen Münzen und male.

4 ct 7 ct 8 ct 6 ct

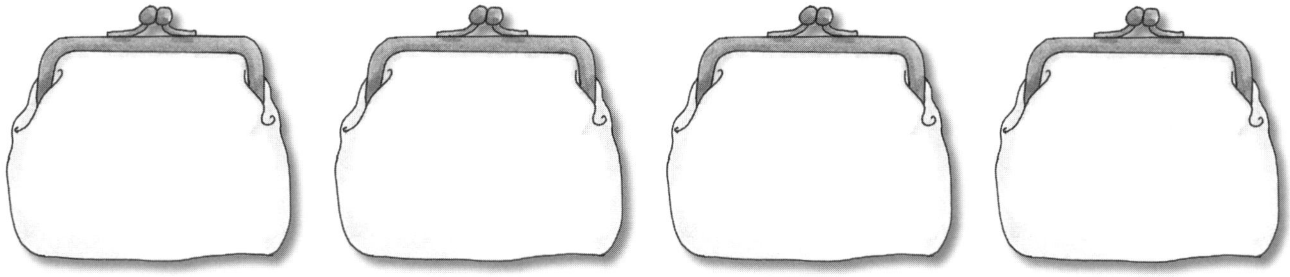

2. Wie viel Geld hat jedes Kind?

	1	2	5	insgesamt
Anna	2	–	1	7 ct
Leo	–	3	–	ct
Ömer	4	–	1	ct
Julia	5	2	–	ct

	1	2	5	insgesamt
Lukas	1	4	–	ct
Sara	–	2	1	ct
Talea	4	3	–	ct
Niklas	1	3	–	ct

3. Immer gleich viel. Verbinde.

Name:

Euromünzen und Euroscheine (1)

1. Wechsle  **in folgende Münzen.**
Schreibe alle Möglichkeiten auf.

2. Wechsle  **in folgende Münzen und Scheine.**
Findest du alle acht Möglichkeiten?

	1							
	2							
	1							

3. Wie viel Geld ist das?

 ☐ €

 ☐ €

 ☐ €

 ☐ €

4. Lege selbst Muster mit Münzen.

Name:

Euromünzen und Euroscheine (2)

1. Lege mit möglichst wenigen Münzen und Scheinen. Male.

6 €	3 €	9 €	8 €

2. Welche beiden Kinder haben gleich viel gespart?
Unterstreiche ihre Namen mit der gleichen Farbe.

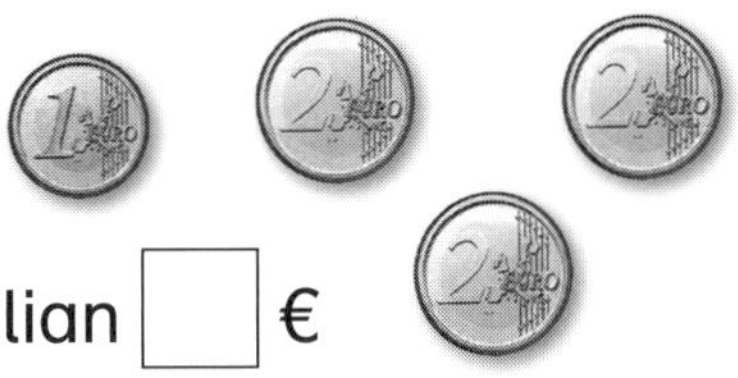 Kilian ☐ €	 Katrin ☐ €	 Paula ☐ €
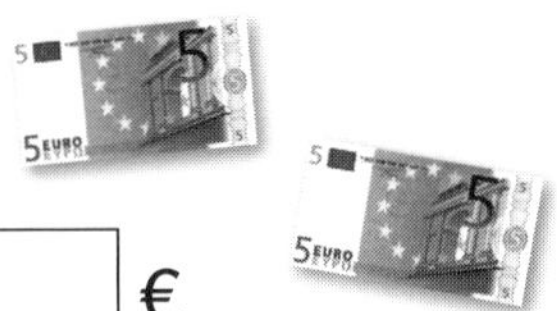 Irem ☐ €	 Maxi ☐ €	 Onur ☐ €

3. Wie viel Geld hat jedes Kind?

				ins-gesamt
Ben	2	1	–	4 €
Eva	3	3	–	€
Luisa	1	2	1	€
Martin	5	1	–	€

				ins-gesamt
Lotte	3	–	1	€
Felix	2	4	–	€
Dennis	4	2	–	€
Lea	6	2	–	€

Name:

Einer in Zehner wechseln

1. So kannst du mit dem Hasen genau zählen:

Verbinde zuerst fünf 1-ct-Münzen mit Strichen. Kreise dann zwei Fünfer ein.
Wechsle dann zehn 1-ct-Münzen (Einer) in eine 10-ct-Münze (Zehner) um.

10 ct	1 ct
1	2

1 Zehner, 2 Einer

12 ct

zwölf Cent

10 ct	1 ct

☐ Zehner, ☐ Einer

☐ ct

________ Cent

2. Wie viel Geld haben die Kinder?

Schätze zuerst und rahme grün ein: Wer hat das wenigste Geld?
Schätze zuerst und rahme rot ein: Wer hat das meiste Geld?
Zähle nun genau wie bei Aufgabe 1.

Julia	10	1
☐ ct		

Leo	10	1
☐ ct		

Ömer	10	1
☐ ct		

Anna	10	1
☐ ct		

Name:

Geldbeträge bis 20 Cent

1. Welche beiden Kinder haben gleich viel Geld?
Unterstreiche ihre Namen mit der gleichen Farbe.

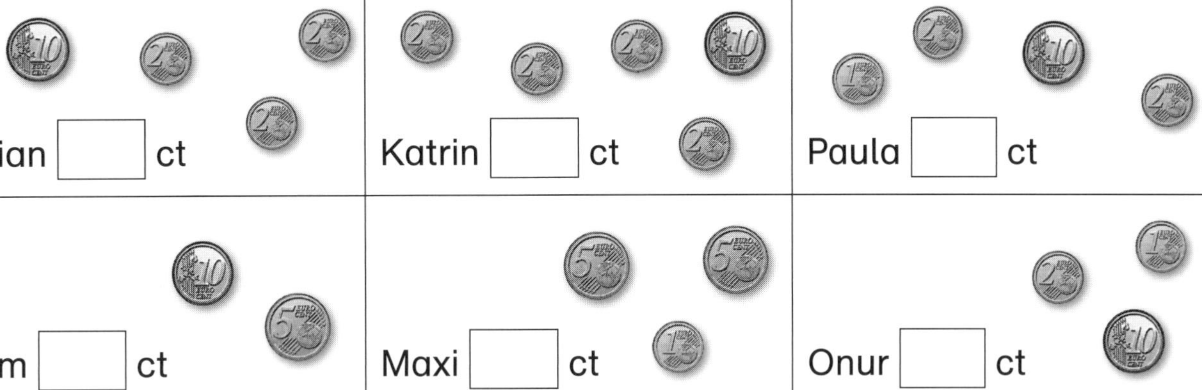

Kilian ☐ ct	Katrin ☐ ct	Paula ☐ ct
Irem ☐ ct	Maxi ☐ ct	Onur ☐ ct

2. Eine Münze fehlt. Male sie dazu.

17 ct	11 ct	13 ct	18 ct

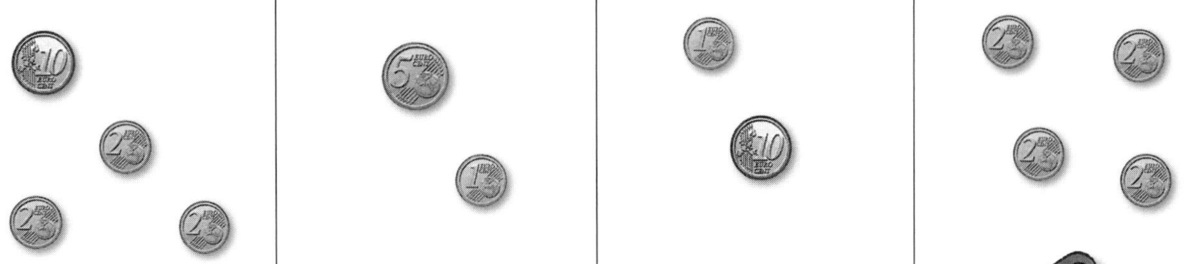

3. Lege mit möglichst wenigen Münzen und male.

15 ct	12 ct	16 ct	14 ct

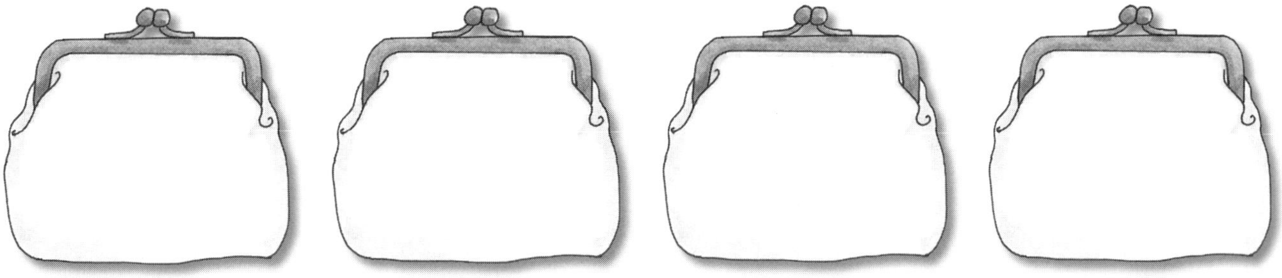

Name:

Geldbeträge bis 20 Euro

1. Welche beiden Kinder haben gleich viel Geld?
Unterstreiche ihre Namen mit der gleichen Farbe.

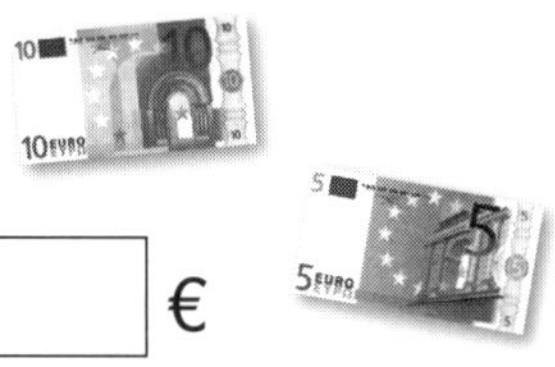 Luisa ☐ €	 Yannick ☐ €	 Paula ☐ €
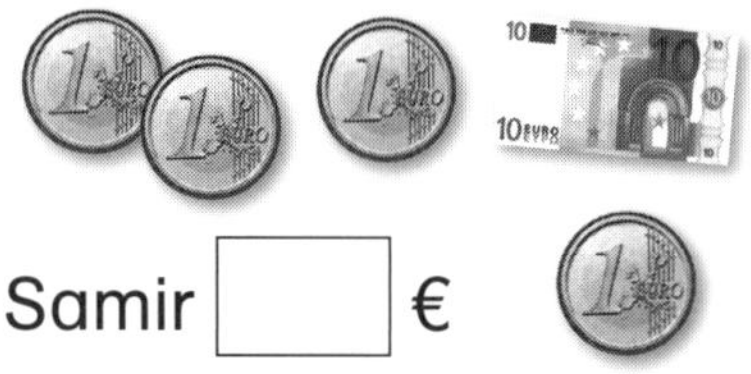 Samir ☐ €	 Maxi ☐ €	 Yasmin ☐ €

2. Eine Münze oder ein Schein ist zu viel. Streiche weg.

11 €	16 €	17 €	12 €
	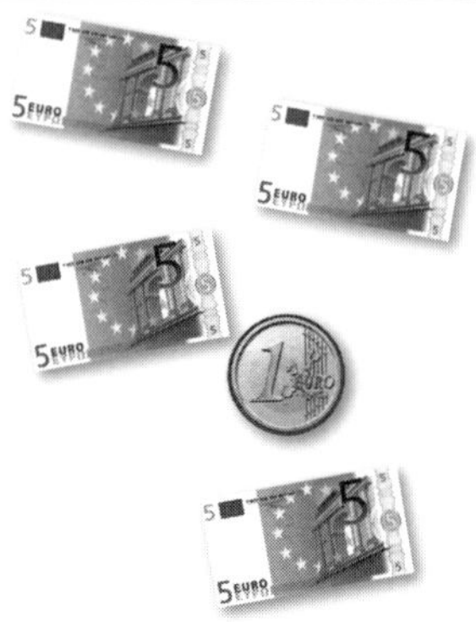	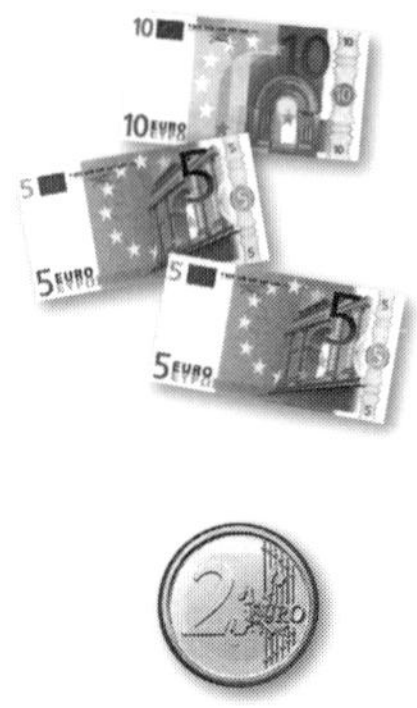	

3. Lege mit möglichst wenigen Scheinen und Münzen und male.

20 €	17 €	16 €	14 €

Name:

Ein Klassenfest

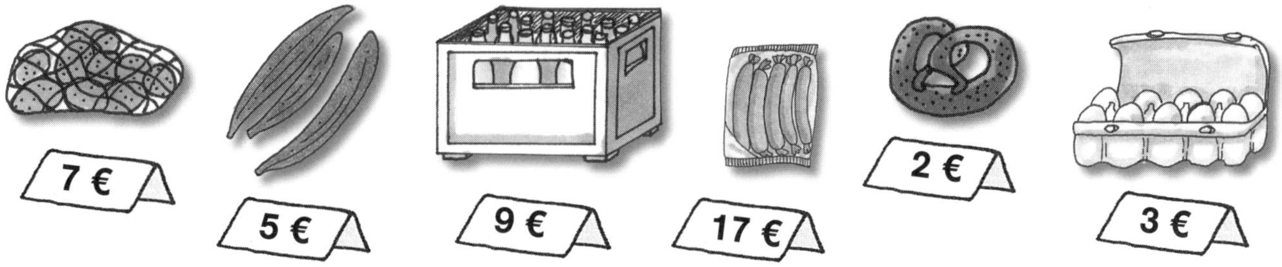

1. Die Kinder kaufen ein. Wie viel müssen sie bezahlen? Lege und rechne.

Simon	Sarah	Leon
	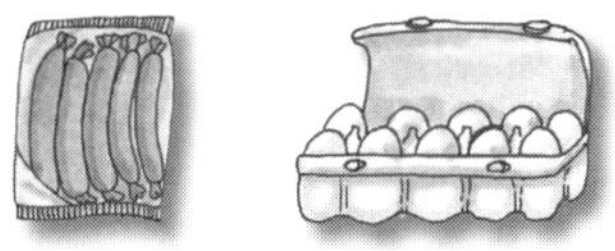	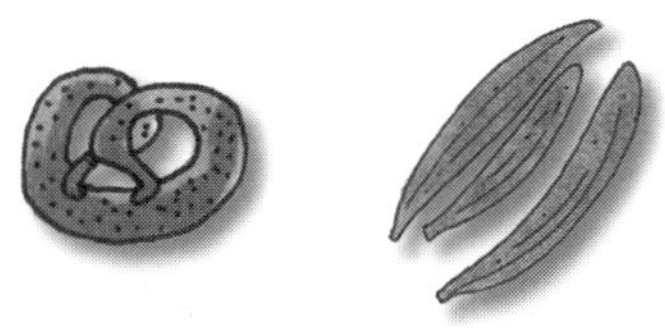
☐ € + ☐ € = ☐ €	☐ € + ☐ € = ☐ €	☐ € + ☐ € = ☐ €

2. Du kaufst ein und bezahlst mit einem Geldschein.
Wie viel bekommst du zurück? Lege und rechne.

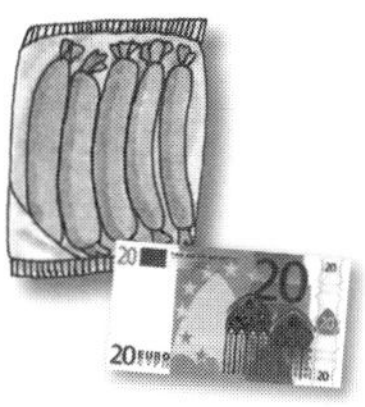	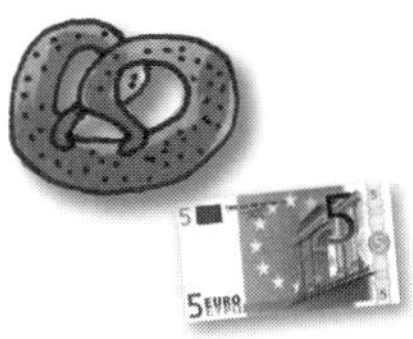	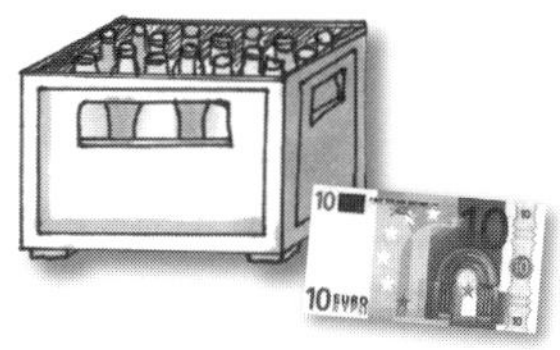
☐ € – ☐ € = ☐ €	☐ € – ☐ € = ☐ €	☐ € – ☐ € = ☐ €
	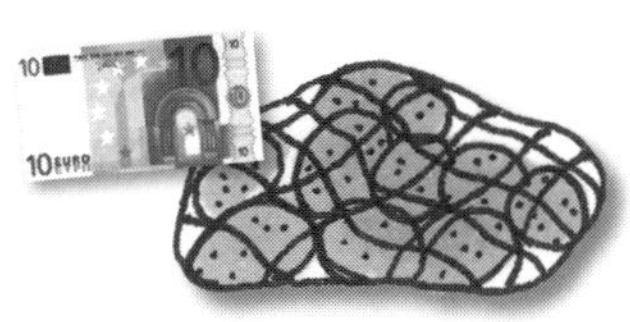	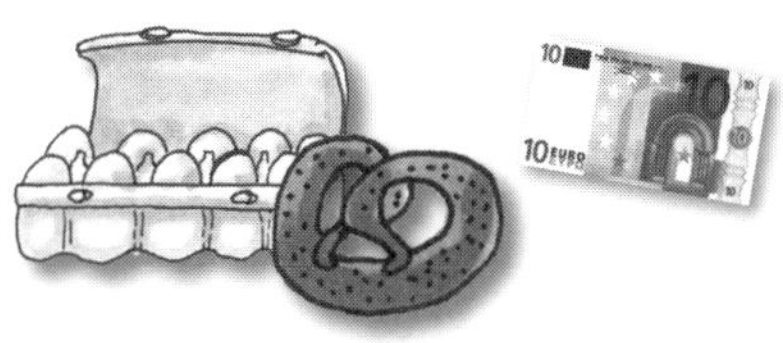
		☐ € + ☐ € = ☐ €
☐ € – ☐ € = ☐ €	☐ € – ☐ € = ☐ €	☐ € – ☐ € = ☐ €

Name:

Tiergeschichten

1. Wie viele Beine haben 4 Katzen?

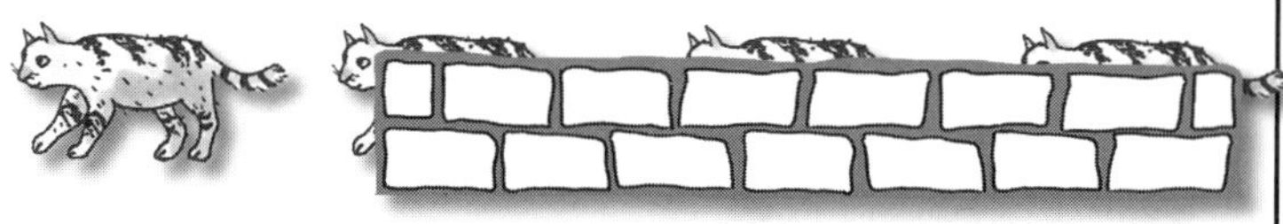

Der Hase rechnet:

4 + ☐ + ☐ + ☐ = ☐

Der Igel rechnet:

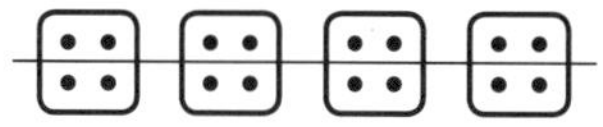

8 + ☐ = ☐

2. Rechne zuerst wie der Hase. **Rechne dann wie der schlaue Igel.**

a) Wie viele Beine haben 5 Frösche?

b) Wie viele Beine haben 3 Ameisen?

c) Wie viele Beine haben 2 Spinnen?

3. Wie viele Beine haben diese Tiere? Welche Tiere sind es? Verbinde.

Ich habe zwei Vorderbeine, zwei Hinterbeine, zwei rechte Beine und zwei linke.
☐ Beine

Ich habe zwei Vorderbeine und zwei Hinterbeine, drei rechte Beine und drei linke, und zwei mittlere Beine.
☐ Beine

Ich habe zwei Vorderbeine und zwei Hinterbeine, vier rechte Beine und vier linke.
☐ Beine

   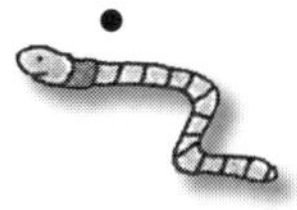 

Name:

Rechengeschichten

Lies die Rechengeschichten. Finde unten die passende Frage zu jeder Geschichte. Schneide die Fragen aus und klebe sie in das richtige Kästchen. Löse nun die Rechenaufgaben.

(1) 7 Kinder spielen Fußball. 4 Kinder kommen dazu und wollen auch mitspielen. 	(2) Fridolin hat 16 Bonbons aus der Tüte genommen. 7 gibt er seinem kleinen Bruder.
Dann spielen ☐ Kinder zusammen.	Dann hat er noch ☐ Bonbons.
(3) 13 Kinder rennen um die Wette zum Teich. 5 Kinder können nicht mehr und geben auf.	(4) Anna kauft eine Haarbürste für 6 € und eine Hautcreme für 5 €.
☐ Kinder kommen am Teich an.	Sie muss ☐ € bezahlen.
(5) Majas Mutter hat für die Familie das Essen eingekauft. Es kostet 17 €. Sie bezahlt mit einem 20-Euro-Schein.	(6) Karl isst gerne Äpfel. In seinem Korb liegen 9 Äpfel. Sein Freund schenkt ihm noch 3. 
Sie bekommt ☐ € zurück.	Dann hat er ☐ Äpfel.

✂

Wie viele Kinder kommen am Teich an?	Wie viel bekommt sie zurück?
Wie viele Kinder spielen dann zusammen?	Wie viel muss sie insgesamt bezahlen?
Wie viele Äpfel hat er dann?	Wie viele Bonbons hat er dann noch?

6. Kapitel: Geometrie

Vorbemerkung

Im Mittelpunkt des Anfangsunterrichts im Bereich Geometrie steht das Gewinnen und Erweitern von Raumerfahrungen, die nicht nur für die Mathematik, sondern auch für alle anderen Fächer von Bedeutung sind. So verläuft beispielsweise beim Lesen und Schreiben die Lese-/Schreibrichtung von links oben nach rechts unten. Auch für die Orientierung im Schulhaus, in der Umgebung und im Straßenverkehr ist ein sicherer Gebrauch von Lagebegriffen wichtig.

Ein zweiter Schwerpunkt der Geometrie ist das Kennenlernen der grundlegenden Flächenformen Viereck (mit den Sonderfällen Rechteck und Quadrat), Dreieck und Kreis. Die Kinder entdecken diese Formen in der Umwelt, lernen sie voneinander zu unterscheiden und zu beschreiben. Werden geometrische Formen schließlich zusammengesetzt, so entstehen Figuren und Muster.

Hinweise zu den Kopiervorlagen

Lerninhalte

- Erfassen von Lagebeziehungen am eigenen Körper und in Bezug zum eigenen Körper
- Erfassen der Lage von Gegenständen im Raum
- Erfassen der Lagebeziehungen von Gegenständen zueinander
- Sicheres Gebrauchen von Begriffen der räumlichen Lage

Die beiden Lernbereiche Geometrie und Arithmetik sollten im Schulalltag von Anfang an verbunden werden. Insbesondere für die Beschreibung der Schreibbewegungen der einzelnen Ziffern (vgl. 1. Kapitel) ist der sichere Gebrauch der Lagebegriffe wichtig.

Vor allem in den ersten Schulwochen sind deshalb folgende Übungen zum Trainieren der Raumerfahrung immer wieder in den Unterricht einzubauen:

- Lagebeziehungen am eigenen Körper
  Stellen Sie sich immer mit dem Rücken zu den Kindern, wenn Sie „rechts“ und „links“ in Bezug zum eigenen Körper verdeutlichen wollen. Auf diese Weise befindet sich Ihr rechter Arm auf der gleichen Seite wie der rechte Arm der Kinder und die Schüler müssen nicht spiegelbildlich umdenken. Für Körperübungen gibt es zahlreiche Lieder und Verse, die immer wieder zur Auflockerung durchgeführt werden können, z. B.: „Zeige deinen rechten Arm, deinen linken Fuß …“
- Lagebeziehungen von Personen und Gegenständen zum eigenen Körper
  „Wer sitzt/Was ist neben/rechts von/links von/vor/hinter mir?“
- Lagebeziehungen von Gegenständen zueinander
  Betrachten der Schulsachen: „Lege das Rechenbuch auf den Tisch. Lege das Mäppchen auf das Buch. Lege rechts daneben …“
- Übertragen der Orientierung vom Raum auf die Ebene (Tafel, Arbeitsblatt)
  Einüben der Leserichtung von links nach rechts, von oben nach unten: „Lege das Rechenbuch auf den Tisch. Der Buchrücken ist links. Fahre mit dem Finger am oberen Rand entlang, am unteren/rechten/linken Rand. Lege deinen Finger in die Mitte.“

Viele weitere Übungsanlässe ergeben sich beim Aufstellen in Zweierreihen, beim Spielen im Pausenhof sowie im Sportunterricht.

KV Seite 130/131

Links und rechts
Im Klassenzimmer

Auf der ersten Kopiervorlage (Seite 130) erfassen und beschreiben die Kinder die Lage von Gegenständen in Bezug zum eigenen Körper. So ordnen sie zunächst die abgebildeten Handabdrücke, Handschuhe und Fäuste jeweils der passenden Seite zu. Damit die Schüler nicht spiegelbildlich umdenken müssen, sind die beiden Kinder der zweiten Aufgabe von hinten dargestellt. Achten Sie darauf, dass die Schüler nicht alle Dinge bei dem linken Kind grün und beim rechten Kind rot ausmalen. Die Farben sind jeweils in Bezug zu den einzelnen Kindern zu wählen.

Die zweite Kopiervorlage (Seite 131) trainiert das Erkennen und Beschreiben der Lagebeziehungen von Gegenständen zueinander. Zunächst beschreiben die Kinder das Bild, indem sie die angegebenen Wörter verwenden. Bevor sie bei der zweiten Aufgabe die Biene an die richtigen Stellen malen, sollten Sie im Unterrichtsgespräch folgende Hinweise geben: Wenn die Biene über der Tafel ist, ist sie mit Abstand zur Tafel zu malen. Sitzt sie dagegen auf der Tafel, wird sie direkt auf die Tafel gezeichnet. Ist die Biene hinter der Tafel, malen die Kinder sie so, dass nur ein winziger Körperteil hervorschaut.

KV Seite 132

Osternester

Diese Kopiervorlage kann zur Wiederholung der Lagebegriffe in der Zeit vor oder nach Ostern eingesetzt werden. Lassen Sie die Kinder die Aufgabe zur Kombinatorik selbstständig herausfinden. Dafür schneidet jedes Kind je drei rote, blaue und gelbe Kreise aus, legt verschiedene Kombinationen und malt jede neue gefundene

Kombination auf ein DIN-A5-Blatt. Ordnen Sie anschließend die Blätter der Kinder an der Tafel an, um die zehn Möglichkeiten übersichtlich darzustellen. Dann malen die Kinder die Eier auf der Kopiervorlage aus.

Bei der zweiten Aufgabe zeichnen die Kinder das Osternest jeweils an der beschriebenen Stelle ein.

Lösung

Aufgabe 1:

	Rot	Blau	Gelb
Dreimal die gleiche Farbe	3	0	0
	0	3	0
	0	0	3
Einmal eine Farbe, zweimal eine andere Farbe	1	2	0
	1	0	2
	2	1	0
	0	1	2
	2	0	1
	0	2	1
Jede Farbe einmal	1	1	1

Lerninhalte
- Erfassen der Lage von Gegenständen in der Ebene
- Nachvollziehen, Beschreiben und Durchführen von Wegen im Raum
- Sicheres Gebrauchen von Begriffen der räumlichen Lage

KV Seite 133

Zahlenspiel

In Anlehnung an die Hüpfkästchen-Spiele auf Schulhöfen werden die räumlichen Lagebegriffe nun auf die Ebene übertragen. „Unten“ bedeutet jetzt nicht mehr das räumliche Unten (Fußboden, Erdboden), sondern das untere Ende des Blattes.

Wenn die Kinder Schwierigkeiten mit der Aufgabe haben, vollziehen Sie einige Bewegungen an der Tafel oder auf einer Folie nach und klären Sie dabei die Bedeutung der Pfeile und Doppelpfeile.

Analog zu diesem Zahlenspiel können sich die Kinder gegenseitig weitere Rätsel stellen oder eine andere Zahlentafel anlegen und dort Wege beschreiben.

Lösung

Start | Ziel

6	↑	3	←	2	↓	5
4	→	5	↑	2	→	3
7	←	6	←	5	↓	9
9	↑↑	2	←	1	↓↓	8
10	↑←	5	→→	7	←↑	3
1	↓→	5	↓←	8	↑→	5

Weiterführender Vorschlag

Beschreiben Sie einen Weg innerhalb des Schulgeländes, der allen Kindern bekannt ist, z. B.: „Gehe vor der Klassenzimmertür nach rechts, biege am Ende des Ganges nach links ab. Gehe immer geradeaus. Wo kommst du hin?“ Zunächst folgen die Kinder in Gedanken Ihrer Anweisung, dann gehen sie den Weg nach und überprüfen, ob sie die Anleitung richtig umgesetzt haben.

Lerninhalte
- Gewinnen und Erweitern von Raumerfahrungen
- Sicheres Anwenden von Lagebegriffen
- Erkennen und Benennen der Grundformen Dreieck, Viereck (Sonderformen: Rechteck, Quadrat) und Kreis
- Erkennen geometrischer Teilformen in einer Gesamtfigur

KV Seite 134–138

Flächenformen: Dreiecke, Vierecke, Kreise

Die Arbeit mit den Flächenformen kann mit dem Erlernen der Ziffern verbunden werden: Das Dreieck mit der Zahl 3 (Seite 16), das Viereck mit der Zahl 4 (Seite 17) und der Kreis – eine Form mit 0 Ecken – mit der Zahl 0 (Seite 20). So kann sich jede Zahl im Bewusstsein verankern, die Kinder üben das Schreiben der Ziffer, wenden die Lagebegriffe an und erlernen anhand der Formen weitere grundlegende Arbeitstechniken. Nicht zuletzt wird durch das Zerlegen von Figuren in einzelne Formen der Begriff „Zerlegen“ gefestigt.

Beim Dreieck und Viereck (Seite 134/135) gelten die Anzahl der Ecken und die Anzahl der geraden Seiten als grundlegende Kennzeichen. Bei den viereckigen Sonderformen Rechteck und Quadrat kommen als weitere Kennzeichen die geraden („rechten“) Ecken sowie die gleiche Länge gegenüberliegender bzw. aller Seiten dazu. Anhand dieser Kriterien zeichnen die Kinder selbst diese Formen. Auf Seite 136 werden Dreiecke und Vierecke zu Gesamtfiguren kombiniert, deren Einzelteile die Schüler erkennen sollen.

Das Symbol, nach dem der Igel auf Seite 137 fragt, sind die Olympischen Ringe.

Für die Bearbeitung der jeweils dritten Aufgabe auf den Seiten 136/137 ist es empfehlenswert, die Kinder die Figuren mit Plättchen nachlegen zu lassen. Kopieren Sie dafür die jeweilige Aufgabe vergrößert, damit die Kinder die Formen ausschneiden und passend zusammenfügen können. Dann lösen sie die Aufgabe und kleben die ausgeschnittenen Teile auf die Rückseite der Kopiervorlage.

Hinweis: In den Tabellen auf den Seiten 136 und 138 schließt das rechteckige Symbol für „Viereck“ sowohl das Rechteck als auch das Quadrat ein.

Die folgende Übersicht enthält zahlreiche Vorschläge für die Arbeit mit Flächenformen im Geometrieunterricht.

	Dreieck	Viereck, Quadrat, Rechteck	Kreis
Aufsuchen und Benennen der Form	Aufsuchen der Form in der Umwelt Erkennen der Formen in verschiedener Lage, Größe und Farbe (Wahrnehmungskonstanz) Sammeln und Ausstellen verschiedener dreieckiger, viereckiger und runder Gegenstände		
Nachdenken über die Zweckmäßigkeit der Form	Warum gibt es viele dreieckige Verkehrsschilder? (seltene, auffallende Form)	Warum verwenden wir keine dreieckigen, sondern rechteckige Hefte? (Platz optimal ausnützen)	Warum sind Reifen rund und nicht viereckig? (Drehung)
Beschreiben und Klassifizieren von Formen	3 Ecken, 3 gerade Seiten: a) unterschiedliche Seitenlänge b) 2 gleich lange Seiten c) 3 gleich lange Seiten	4 Ecken, 4 gerade Seiten: a) Viereck: unterschiedliche Seitenlänge, „schiefe“ oder gerade (= rechte) Ecken b) Rechteck: je 2 gleich lange Seiten, gerade Ecken c) Quadrat: 4 gleich lange Seiten, gerade Ecken	keine Ecken, keine gerade, sondern eine gebogene, gekrümmte Linie
	Länge der Seiten mit Schnüren vergleichen		
Falten	• aus Zeitungspapier einen Hut falten (Lied: Mein Hut, der hat drei Ecken)	• aus mehreren DIN-A4-Blättern je ein Quadrat und ein Rechteck herstellen • aus den entstandenen Quadraten 2 bzw. 4 Dreiecke, 2 Rechtecke und 4 Quadrate herstellen • aus den entstandenen Rechtecken 2 Dreiecke, 2 Quadrate, 2 lange schmale Rechtecke herstellen	• runde Gegenstände (Teller, Becher …) umfahren, den Kreis ausschneiden, halbieren und nochmals halbieren
Legen und Zusammensetzen von Formen	• Muster aus Dreiecken • 2 bzw. 4 Dreiecke zu Quadraten und Rechtecken zusammensetzen • 6 Dreiecke ergeben ein Sechseck • 8 Dreiecke ergeben ein Quadrat oder ein Achteck	• Muster aus je einer Flächenform • 2 Quadrate ergeben ein Rechteck, 4 Quadrate ein großes Quadrat oder ein langes Rechteck • 2 bzw. 4 Rechtecke ergeben ein Quadrat • Figuren aus verschiedenen Flächenformen	• Muster aus ganzen, halben und Viertelkreisen
	Muster aus allen Grundformen		
Zeichnen	Muster und Figuren nachzeichnen, Formen frei Hand zeichnen		

Weiterführende Vorschläge
Folgende Spiele sind zum Einprägen der Flächenformen mit allen Sinnen geeignet:

- Tasten: Auf einem Tisch liegen mehrere Flächenformen. Ein Kind findet mit verbundenen Augen eine Form nach Anweisung oder sammelt Formen einer bestimmten Art.
- Gehen: Aus Seilen werden verschiedene Formen auf den Boden gelegt. Ein Kind führt ein anderes Kind, dessen Augen verbunden sind, barfuß am Seil entlang. Das zweite Kind nennt anschließend die Form, die es gelaufen ist.
- Ein Kind legt aus Plättchen eine Figur so vor sich auf den Tisch, dass der Partner sie nicht sehen kann und gibt seinem Partner nun Schritt für Schritt Anweisungen, damit dieser die gleiche Figur legen kann, z. B.: „Lege ein blaues Quadrat. Lege darüber ein gelbes Dreieck. Lege rechts neben das Quadrat einen roten Kreis.“ Zum Schluss werden die beiden Figuren miteinander verglichen. Woran kann es liegen, dass der Partner ein Plättchen anders angelegt hat?

Lösung Seite 134
Aufgabe 2:
Hinweis: Das dritte Dreieck steht auf der Spitze. Deshalb gibt es keine „obere Ecke“.

Aufgabe 3:
Die Kinder können (inklusive der beiden Beispiele) 6 Dreiecke zeichnen.

Lösung Seite 136
Aufgabe 1:

卌		
||		
▭	△	
1	1	

卌 |	
▭	△
3	3

|||	
▭	△
1	2

卌	
▭	△
1	4

Aufgabe 2:

|||	
▭	△
1	2

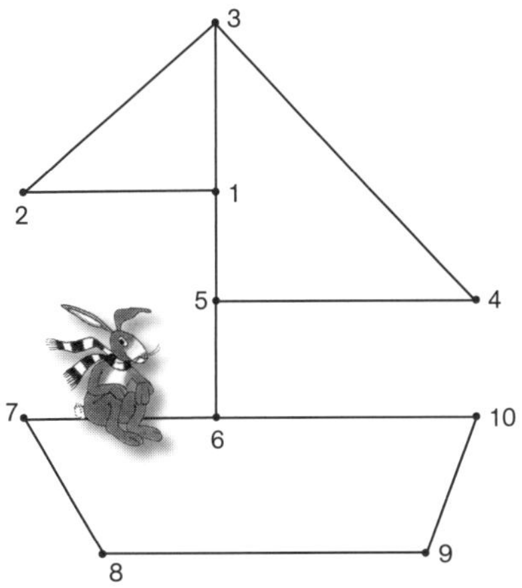

Lösung Seite 138
Aufgabe 1:

卌 卌		
▭	△	○
5	3	2

卌 ||||		
▭	△	○
6	1	2

卌 卌 |		
▭	△	○
4	4	3

卌 ||||		
▭	△	○
4	2	3

Lerninhalte

- Halbieren bekannter Flächenformen durch Falten auf verschiedene Weise
- Zusammensetzen halbierter Formen zu neuen Formen
- Erkennen geometrischer Teilformen in einer Gesamtfigur
- Auslegen von Flächen mit Formen
- Erfinden und Beschreiben von Mustern

KV Seite 139 **Flächenformen halbieren**
Die Kinder probieren durch Falten selbsttätig aus, auf welche Weise sie die bekannten Flächenformen Rechteck, Quadrat und Kreis halbieren können. Sichern Sie dafür zuvor die Begriffe „Hälfte“ und „Halbieren“: „Wenn ich ein Blatt zur Hälfte falte und auseinanderschneide, erhalte ich zwei genau gleich große Teile. Das Blatt wurde halbiert.“

Das genaue Falten von Ecke auf Ecke ist intensiv einzuüben. Damit die Faltlinie deutlich hervortritt, streichen die Kinder mit dem stumpfen Bleistiftende über den Knick.

Klären Sie die Begriffe zur Beschreibung der verschiedenen Arten des Faltens auf einfache Weise:

- Waagrecht: Das Blatt unten an der Tischkante anlegen und gleichlaufend (parallel) zur Tischkante falten.
- Senkrecht: Das Blatt an der Seite falten, die von mir und der Tischkante weggeht.
- Schräg: Die gegenüberliegende obere Ecke auf die untere Ecke legen (oder umgekehrt).

Zur Vertiefung dieser drei Begriffe zeichnen die Kinder jeweils waagrechte, senkrechte bzw. schräge Striche mit dem Finger in die Luft und nennen bekannte Buchstaben- und Ziffernformen, die waagrechte, senkrechte bzw. schräge Linien enthalten.

Lösung

Aufgabe 2:

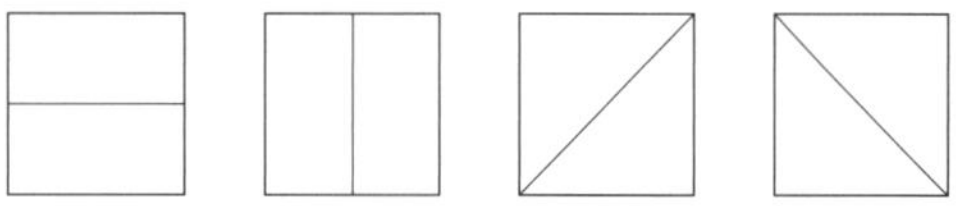

Aufgabe 3:
Ein Kreis hat unendlich viele Faltlinien, die alle durch seinen Mittelpunkt verlaufen. Die Kinder zeichnen eine dieser Faltlinien ein.

Aufgabe 4:
Die Kreise 3 und 6 sind nicht richtig halbiert.

KV Seite 140/141

Falten, schneiden, legen

Mithilfe dieser beiden Kopiervorlagen können die Kinder selbst tätig werden: Sie erfahren, wie man aus den Grundformen Rechteck, Quadrat und Kreis durch Falten und Zerschneiden weitere Formen herstellen kann, und probieren es in Partnerarbeit aus. Anschließend finden sie handelnd heraus, wie sie diese kleineren Formen anordnen und drehen müssen, um daraus die vorgegebenen Umrisse zu erhalten. Die Größe der Umrisse entspricht dabei genau der Größe der Formen, die die Kinder aus den zerschnittenen grauen Einzelteilen legen können. Zum Schluss zeichnen sie die Begrenzungslinien der Einzelteile in die Umrisse ein.

Tipp: Kopieren Sie die beiden Seiten vergrößert. Die Formen sind stabiler, wenn sie auf Pappkarton geklebt werden.

Lösung Seite 140

Aufgabe 2:

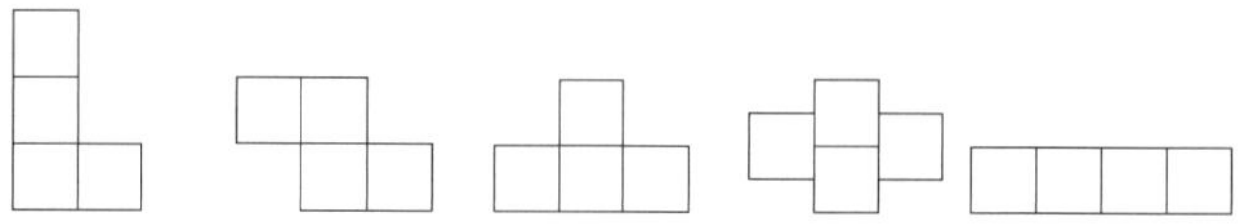

Aufgabe 3:

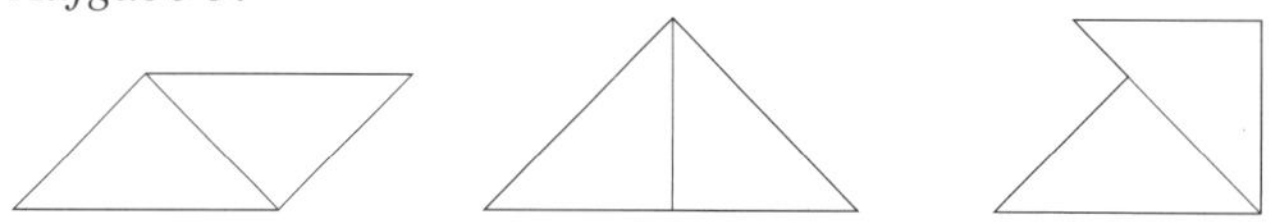

Lösung Seite 141

Aufgabe 1:

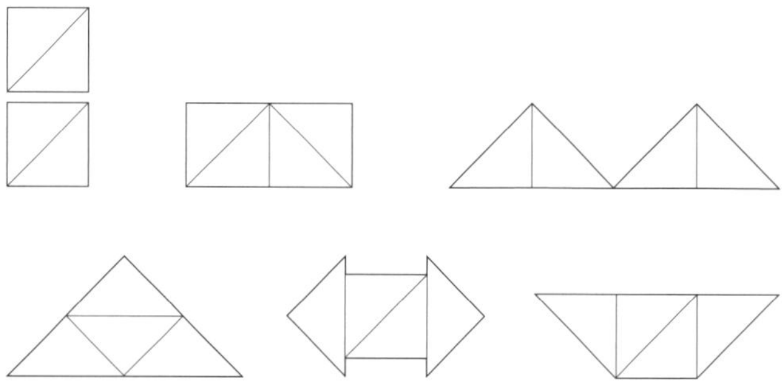

Aufgabe 2:

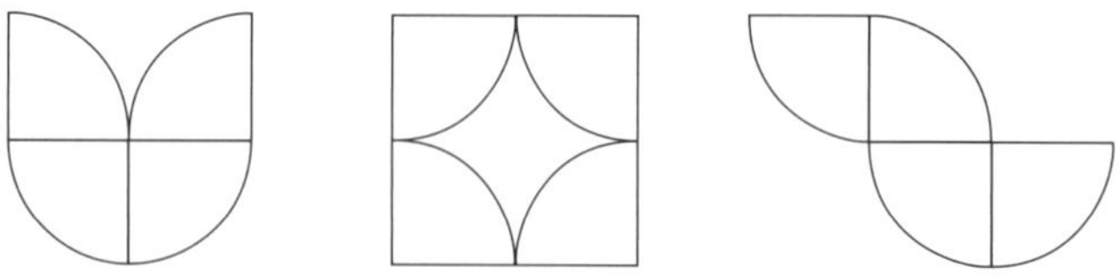

KV Seite 142

Faltstern

Diese Bastelarbeit, bei der das Ausschneiden und Falten trainiert wird, eignet sich für den Einsatz in der Vorweihnachtszeit. Lassen Sie die Kinder zuvor über eventuelle eigene Erfahrungen beim Basteln von Sternen berichten. Dabei kann auch auf die unterschiedliche Anzahl von Spitzen bei gebastelten Sternen eingegangen werden.

Dem Austeilen der Kopiervorlage sollte sich eine Betrachtung der Vorlagenform anschließen: Die Form hat acht Ecken, von denen drei nach innen weisen („einspringende Ecken“).

Es empfiehlt sich, mithilfe der Vorlage eine stabile Schablone aus Pappkarton oder festem Tonpapier herzustellen. Die Anleitung dafür befindet sich auf der Kopiervorlage. Wenn die Kinder bei der Herstellung der Schablone Schwierigkeiten haben, können Sie alternativ bereits mehrere Schablonen zur Verfügung stellen.

Die Schüler legen die Schablone auf ein Blatt Papier, fahren den Umriss mit Bleistift nach und schneiden die Form aus. Der auf der Kopiervorlage abgebildete fünfzackige Stern entspricht der Größe und dem Aussehen nach genau dem Stern, der beim richtigen Falten der Vorlage entsteht. Dieser Hinweis kann für die Kinder eine Hilfe sein, wenn sie zunächst selbstständig den Stern zu falten versuchen. Auch die beiden Faltlinien, die auf der Kopiervorlage eingezeichnet sind, dienen als Hilfestellung.

Wenn die Kinder die Lösung nicht herausfinden, geben Sie folgende Faltanweisung: „Lege die Vorlage so vor dich auf den Tisch, dass die Seite mit den zwei nach außen zeigenden Ecken nach unten zeigt. Falte die linke obere Ecke an der linken Faltlinie nach rechts. Drehe die Figur um. Falte nun ebenfalls die linke obere Ecke an der linken Faltlinie nach rechts."

Zur Verdeutlichung der Faltanweisung ist die Vorlage nochmals abgebildet:

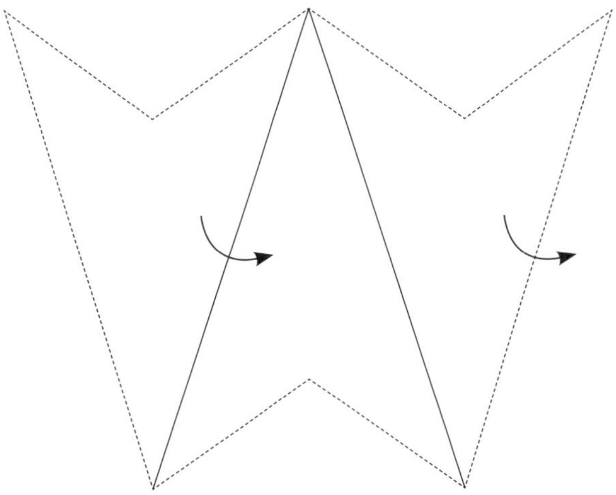

Faltlinie nach vorne, d. h. die linke Fläche wird an der Faltlinie nach vorne geklappt	Faltlinie nach hinten, d. h. die rechte Fläche wird an der Faltlinie nach hinten geklappt

Wenn die Kinder das Prinzip der Faltung verstanden haben, stellen sie in der Freiarbeit aus Bunt-, Transparent- und Glanzpapier weitere Sterne her. Die Sterne werden an den überlappenden Flächen zusammengeklebt und ein Stück Faden wird durch eine Spitze gezogen. So können die Sterne als Zimmer- und Fensterschmuck dienen. Wenn Sie die Vorlage unterschiedlich vergrößert kopieren, können die Kinder Sterne in unterschiedlichen Größen basteln.

Lerninhalt
- Erkennen gleicher Muster mit vertauschten Farben

KV Seite 143

Muster

Während die Kinder bei der Einführung der Ziffern (vgl. 1. Kapitel) bereits eher unbewusst „Muster" gezeichnet haben, werden Muster nun gezielt betrachtet. Dabei benennen die Kinder die verschiedenen Formen, aus denen die Muster bestehen, und lernen auch Bezeichnungen für unterschiedliche Linien und Linienverläufe kennen: Kreise liegen übereinander – Rechtecke liegen ineinander – Quadrate liegen nebeneinander – gebogene, gekrümmte Linien – gekreuzte Linien.

Lösung

Aufgabe 1:

a) Nummer 10
b) Nummer 1 und 5
c) Nummer 1, 2, 3, 4, 5, 8, 9
d) Nummer 4, 6, 7, 8

Weiterführende Vorschläge

- Die Kinder betrachten die Ziffern- und Buchstabenformen im Hinblick darauf, ob sie gerade oder gekrümmte Linien haben.
- Die Kinder zeichnen aus den bekannten Flächenformen Rechteck, Quadrat, Dreieck und Kreis Muster auf Tonpapier und stellen daraus eine Glückwunschkarte oder ein Lesezeichen her. Dabei ist es auch möglich, Schablonen zu verwenden.

KV Seite 144

Schöne Ostereier

Beim genauen Betrachten stellen die Kinder fest, dass bei den beiden Eiern, die das gleiche Muster haben, jeweils die weißen und grauen Flächen vertauscht sind. Nach dem Verbinden der Paare übermalen die Kinder das Grau mit Farbstiften. Dann schneiden sie die Ostereier aus und kleben die Paare an der Rückseite aufeinander. Am oberen Ende der fertigen Eier wird ein Stück Faden durchgezogen, sodass sie an einen Osterstrauß gehängt werden können.

Die ausgeschnittenen Ovale können die Kinder auch als Schablonen für weitere Eierformen verwenden, die sie mit selbst ausgedachten Mustern gestalten.

Name:

Links und rechts

1. Links oder rechts? Ordne zu.

links •

• rechts

2. Wo sind diese Dinge bei den Kindern? Male Dinge, die bei den Kindern links sind, grün aus. Male Dinge, die bei den Kindern rechts sind, rot aus.

Name:

Im Klassenzimmer

1. Erzähle zu dem Bild.
Verwende diese Wörter:

links von   auf   über   zwischen   unter
neben   vor   rechts von   hinter

2. Eine Biene ist im Klassenzimmer.
Wo sitzt sie gerade? Erzähle und male.

über   hinter   rechts neben

links neben   auf   unter

Name:

Osterneester

1. Der Osterhase hat zehn Nester versteckt.
In jedem Nest sind drei Eier: rote, blaue oder gelbe.
Trotzdem sind keine zwei Nester gleich. Male aus.

2. Wo ist das Nest? Verstecke die Nester an der richtigen Stelle.

links neben dem Busch

rechts neben dem Baum

zwischen den Blumen

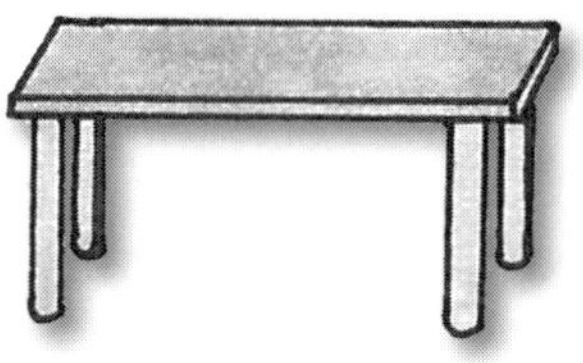

unter dem Tisch

im Backofen

hinter dem Kissen

vor der Tür

auf dem Schrank

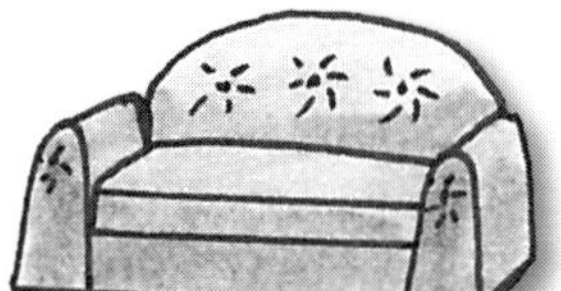

rechts neben dem Sofa

Name:

Zahlenspiel

Der Hase läuft auf der Zahlentafel.

1	2	3	
4	5	6	7
8	9	10	

Das bedeuten die Pfeile:

↓ Ziehe ein Feld nach unten.

↑ Ziehe ein Feld nach oben.

→ Ziehe ein Feld nach rechts.

← Ziehe ein Feld nach links.

Auf welche Zahl kommt der Hase?

Male alle Pfeile nach rechts rot aus und alle Pfeile nach links grün.

Start						Ziel
6	↑	*3*	←		↓	
4	→		↑		→	
7	←		←		↓	
9	↑↑		←		↓↓	
10	↑←		→→		←↑	
1	↓→		↓←		↑→	

Name:

Dreiecke

1. Nur Dreiecke? Eine Form ist falsch. Streiche sie durch.

2. Male bei diesen Dreiecken an die Ecken einen farbigen Punkt:
obere Ecke: gelber Punkt, linke Ecke: grüner Punkt, rechte Ecke: roter Punkt

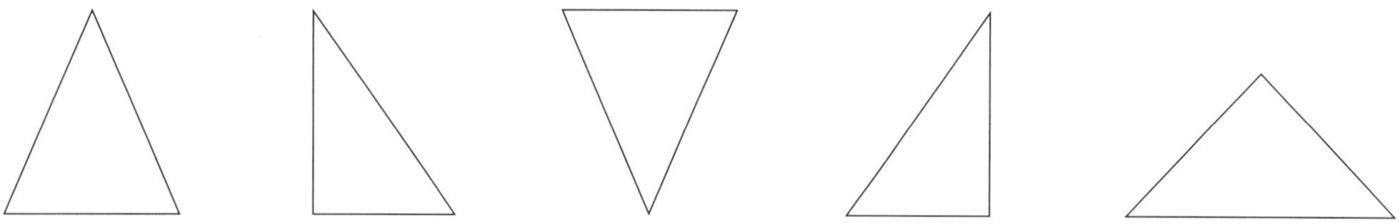

3. Verbinde immer drei Punkte und zeichne Dreiecke.
Wie viele Dreiecke konntest du zeichnen?
Male einen Strich für jedes Dreieck.

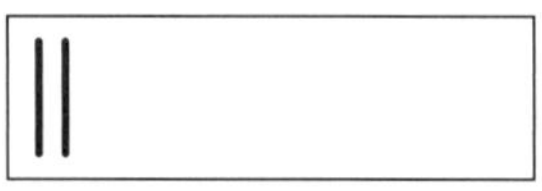

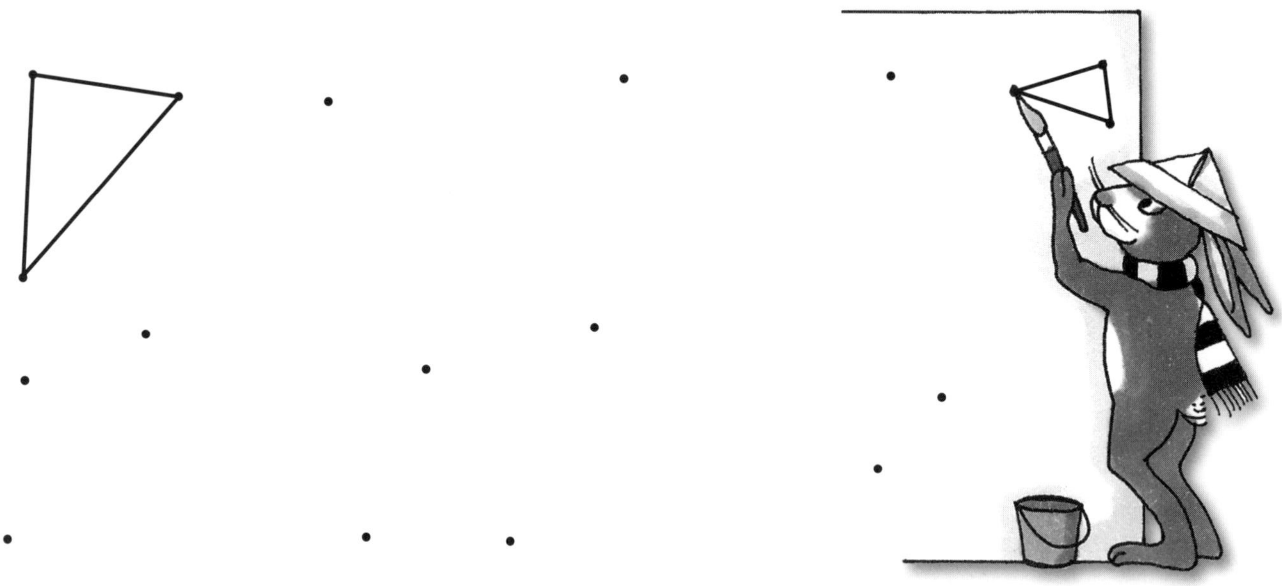

Name:

Vierecke

1. Nur Vierecke? Eine Form ist falsch. Streiche sie durch.

2. Male bei diesen Vierecken an alle linken Ecken einen grünen Punkt.

Rechteck Quadrat

3. Beschreibe die Vierecke von Aufgabe 2. Was ist immer gleich? Was ist verschieden?

4. Verbinde die Punkte zu diesen Formen: schiefes Viereck – Rechteck – Quadrat

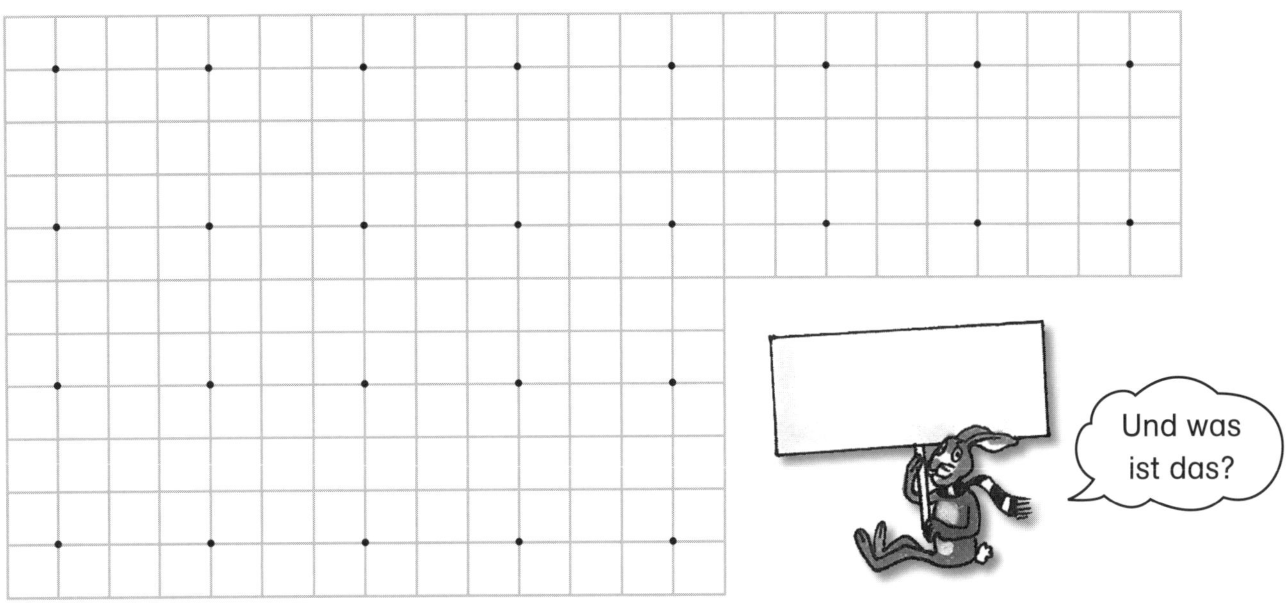

Name:

Dreiecke und Vierecke

1. Wie viele Dreiecke und Vierecke siehst du? Fülle die Tabellen aus.

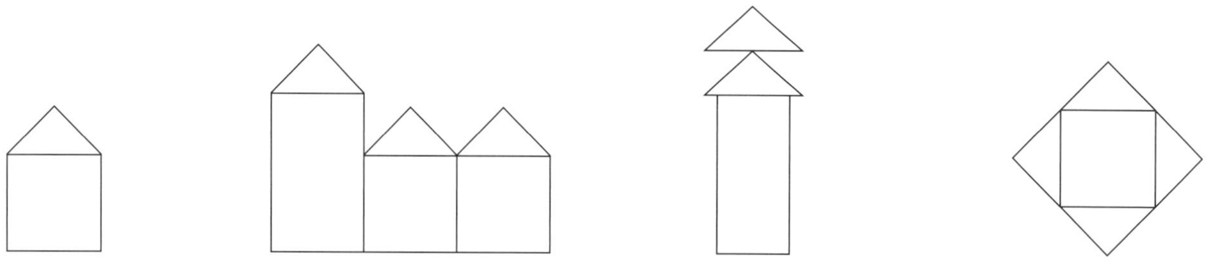

<table>
<tr><td colspan="2">||</td></tr>
<tr><td>▭</td><td>△</td></tr>
<tr><td>1</td><td>1</td></tr>
</table>

<table>
<tr><td colspan="2"></td></tr>
<tr><td>▭</td><td>△</td></tr>
<tr><td></td><td></td></tr>
</table>

<table>
<tr><td colspan="2"></td></tr>
<tr><td>▭</td><td>△</td></tr>
<tr><td></td><td></td></tr>
</table>

<table>
<tr><td colspan="2"></td></tr>
<tr><td>▭</td><td>△</td></tr>
<tr><td></td><td></td></tr>
</table>

2. Verbinde die Zahlen von 1 bis 10. Fülle dann die Tabelle aus.

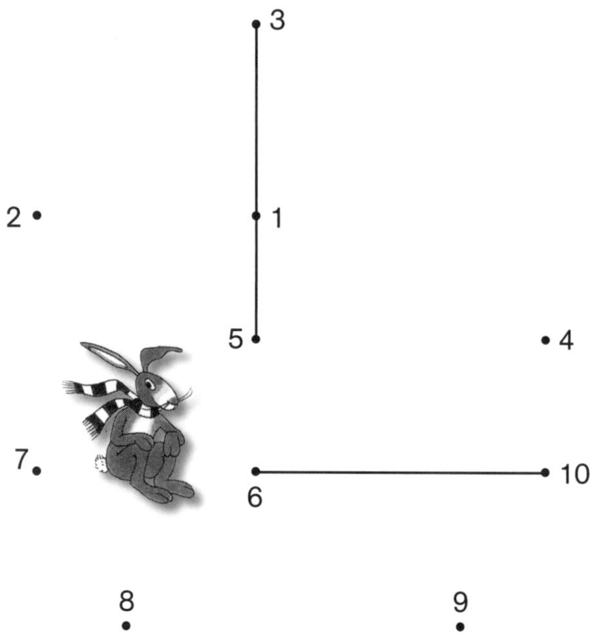

<table>
<tr><td colspan="2"></td></tr>
<tr><td>▭</td><td>△</td></tr>
<tr><td></td><td></td></tr>
</table>

3. Immer zwei Dreiecke ergeben ein Viereck. Male sie mit der gleichen Farbe aus.

Name:

Kreise

1. Nur Kreise? Eine Form ist falsch. Streiche sie durch.

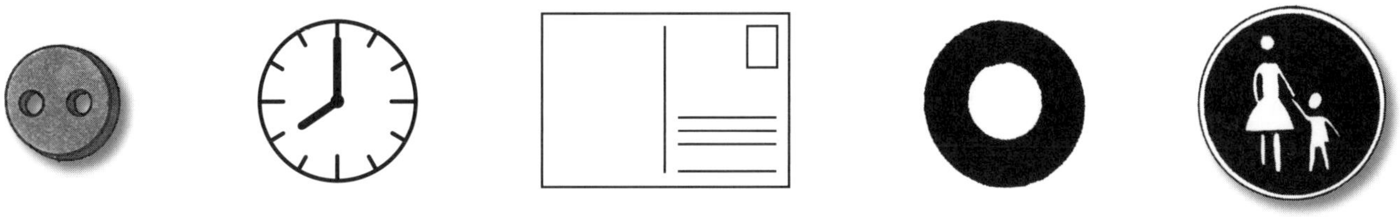

2. Male Kreise mit den angegebenen Farben.

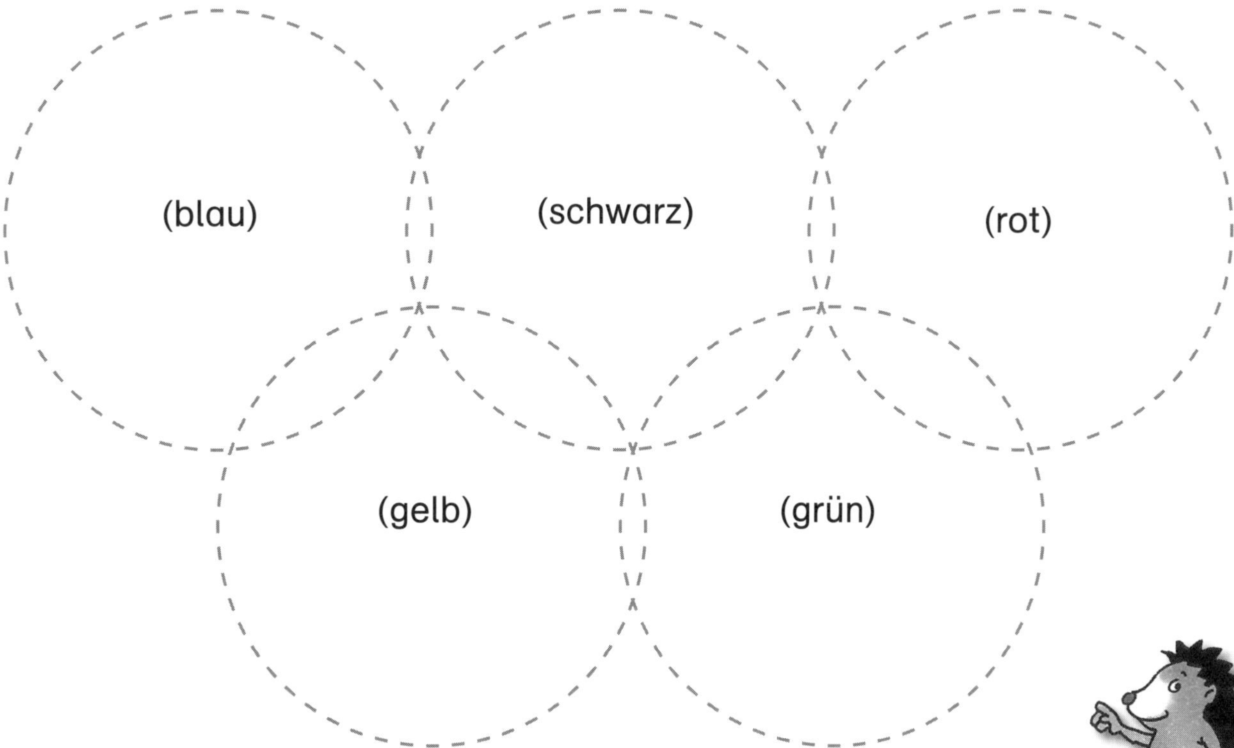

**3. Immer zwei Teile ergeben einen Kreis.
Male sie mit der gleichen Farbe aus.**

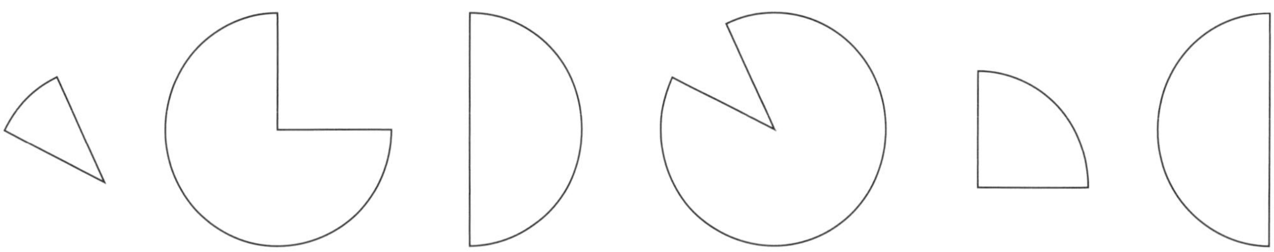

Name:

Flächenformen

1. Wie viele Plättchen hat jede Figur?
Wie viele Dreiecke, Vierecke und Kreise hat jede Figur?
Fülle die Tabellen aus.

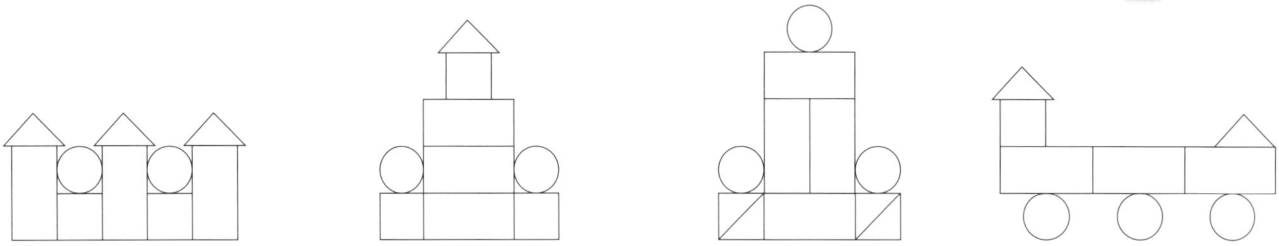

𝍸 𝍸		
▭	△	○
5	3	2

▭	△	○

▭	△	○

▭	△	○

2. Zeichne selbst eine Figur mit Kreisen, Dreiecken und Vierecken auf Karopapier.

3. Ordne zu.

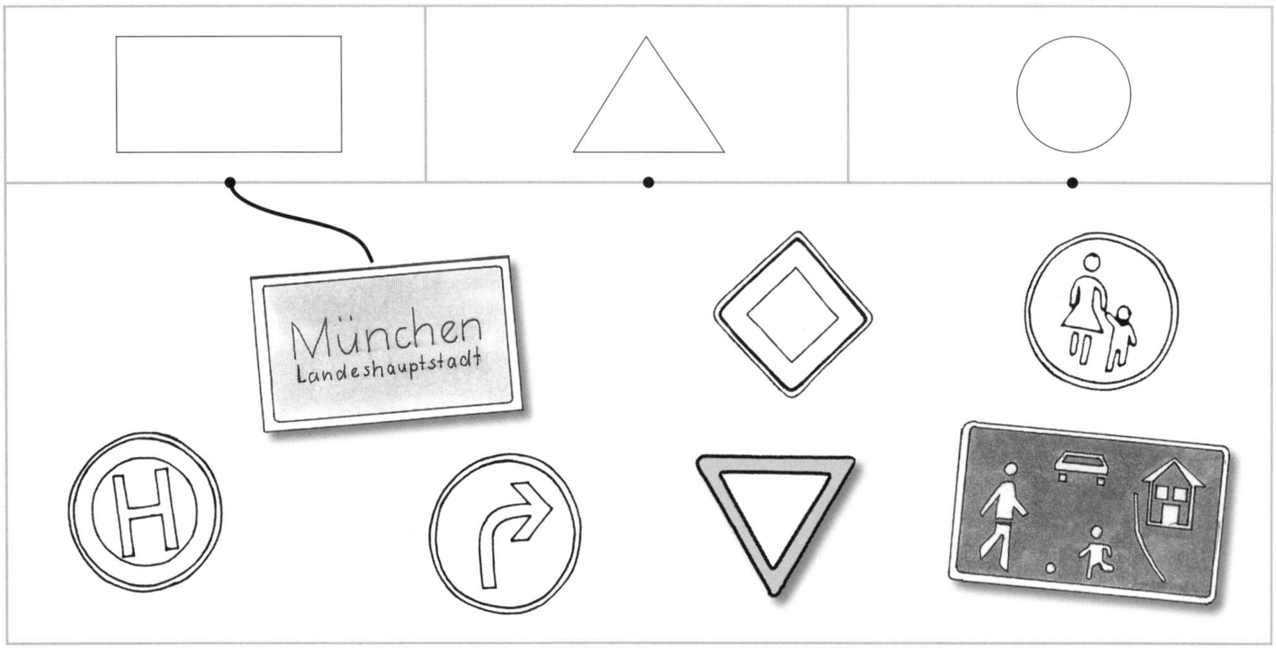

4. Male die Verkehrszeichen mit den richtigen Farben aus.

Name:

Flächenformen halbieren

1. Falte und halbiere ein Rechteck.
Male immer eine Hälfte aus.

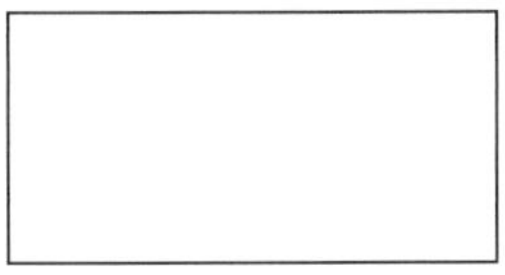

Falte so: Oder so: Oder so:

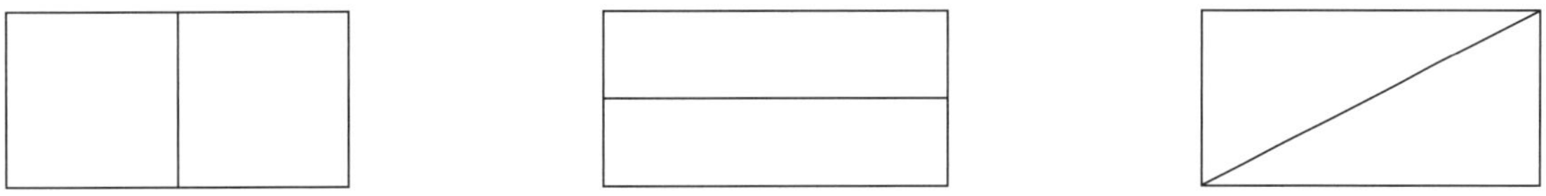

2. Wie kannst du ein Quadrat halbieren? Probiere es aus.
Zeichne die Faltlinien ein. Male immer eine Hälfte aus.

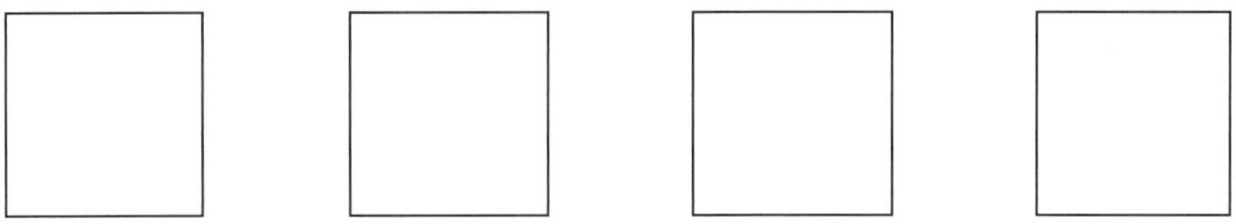

3. Wie kannst du einen Kreis halbieren? Probiere es aus.
Zeichne eine Faltlinie ein. Male die Hälfte aus.

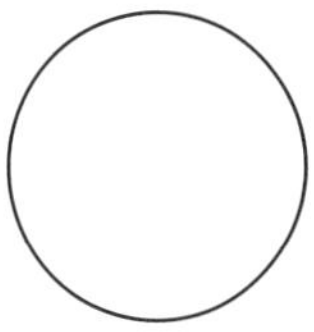

4. Welche zwei Kreise sind nicht richtig halbiert? Streiche sie durch.

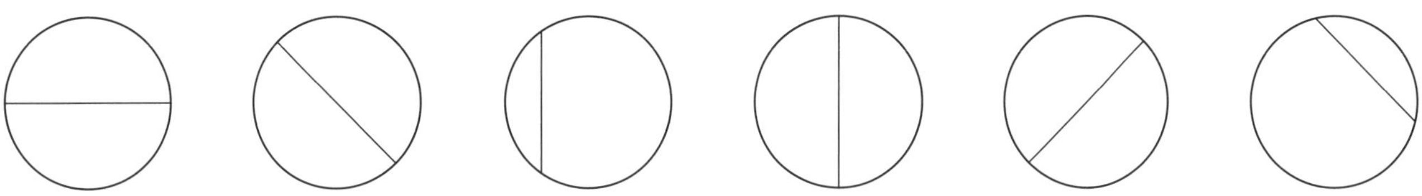

Name:

Falten, schneiden, legen (1)

1. So machst du aus einem Rechteck ein Quadrat. Probiere es aus.

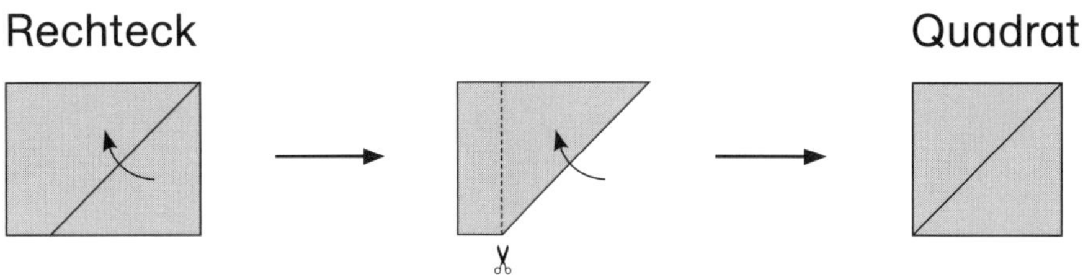

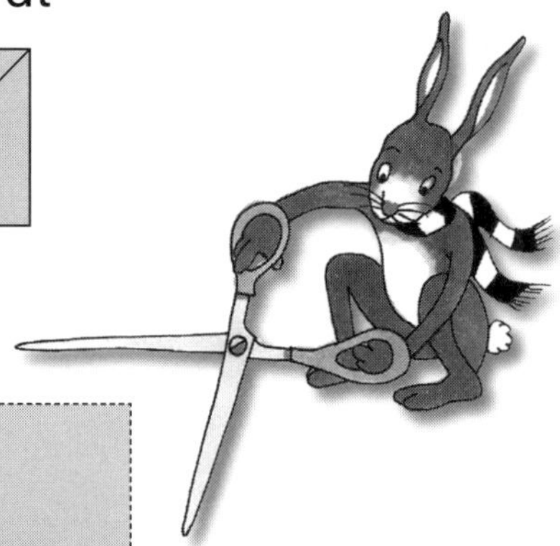

2. Aus einem Quadrat werden ☐ Quadrate.
Schneide aus und lege diese Figuren.

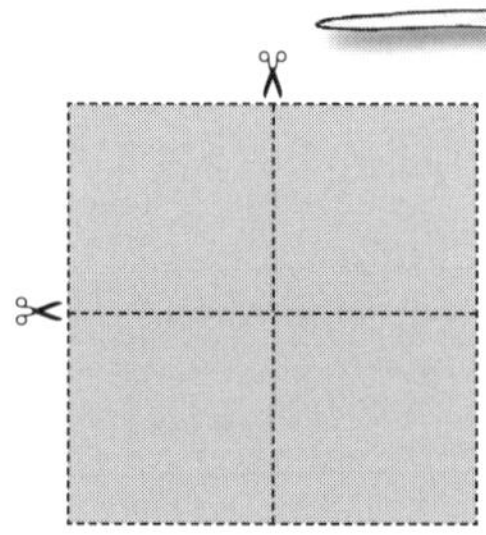

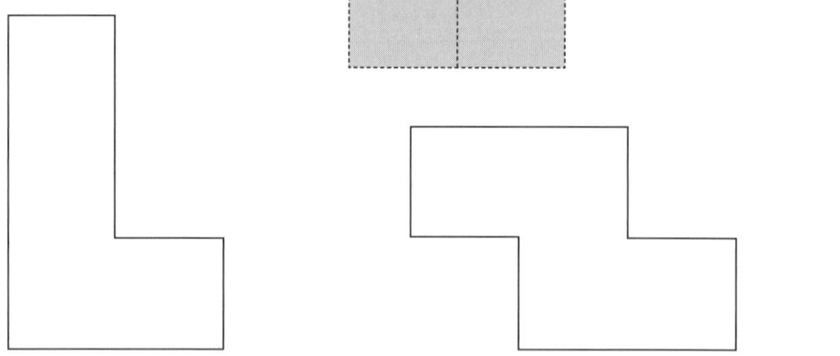

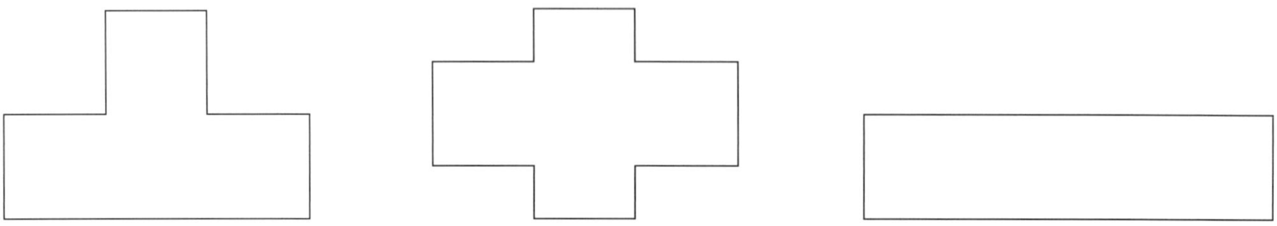

3. Aus einem Quadrat werden ☐ Dreiecke.
Schneide aus und lege diese Figuren.

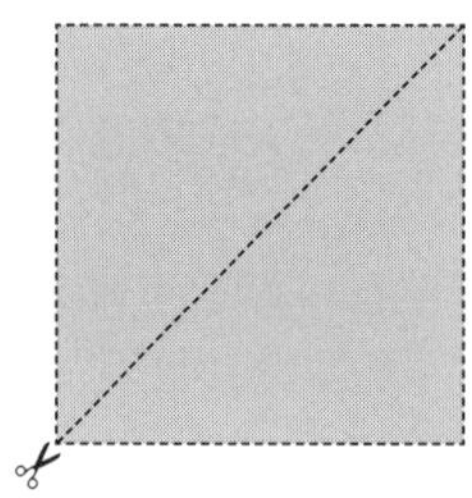

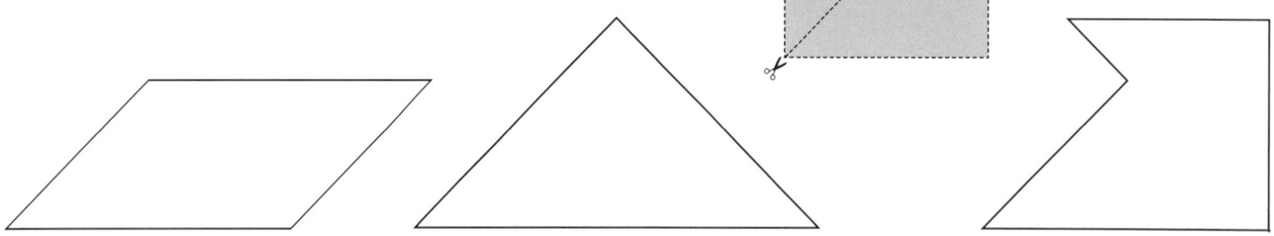

Name:

Falten, schneiden, legen (2)

1. Aus einem Quadrat werden ☐ Dreiecke.
Schneide aus und lege diese Figuren.

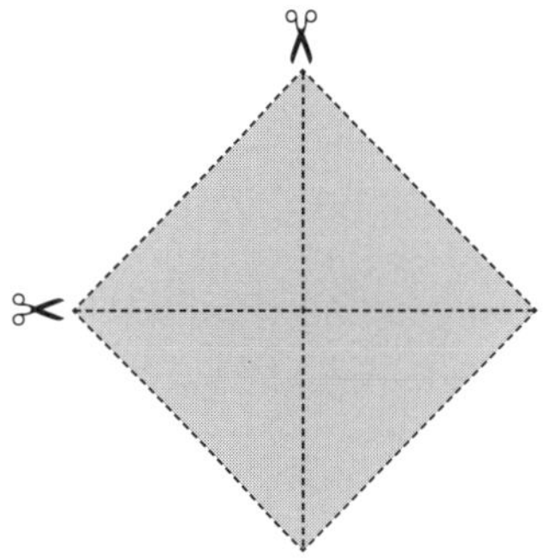

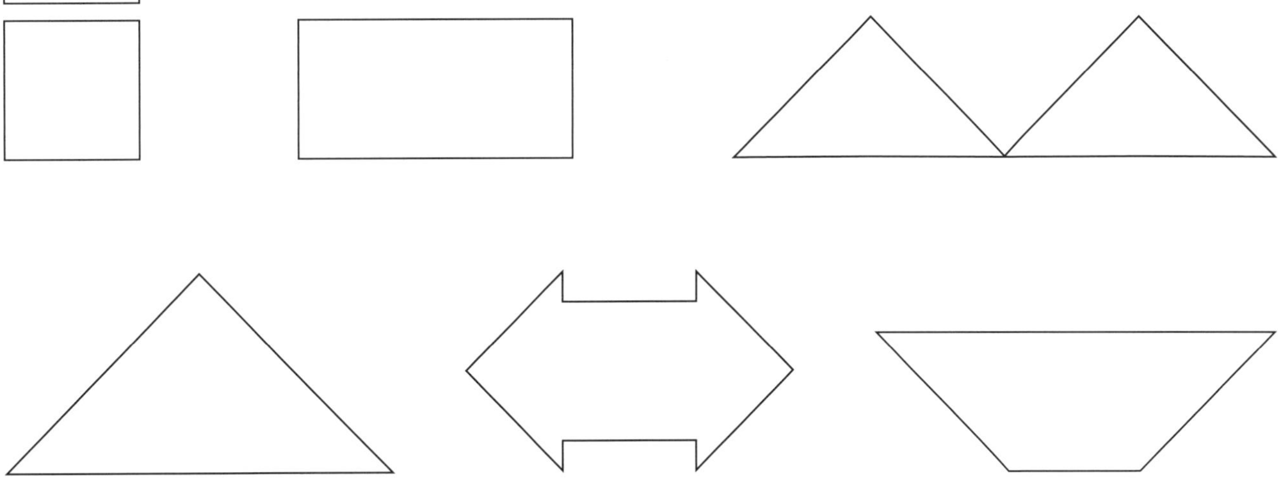

2. Aus einem Kreis wird … Probiere aus.

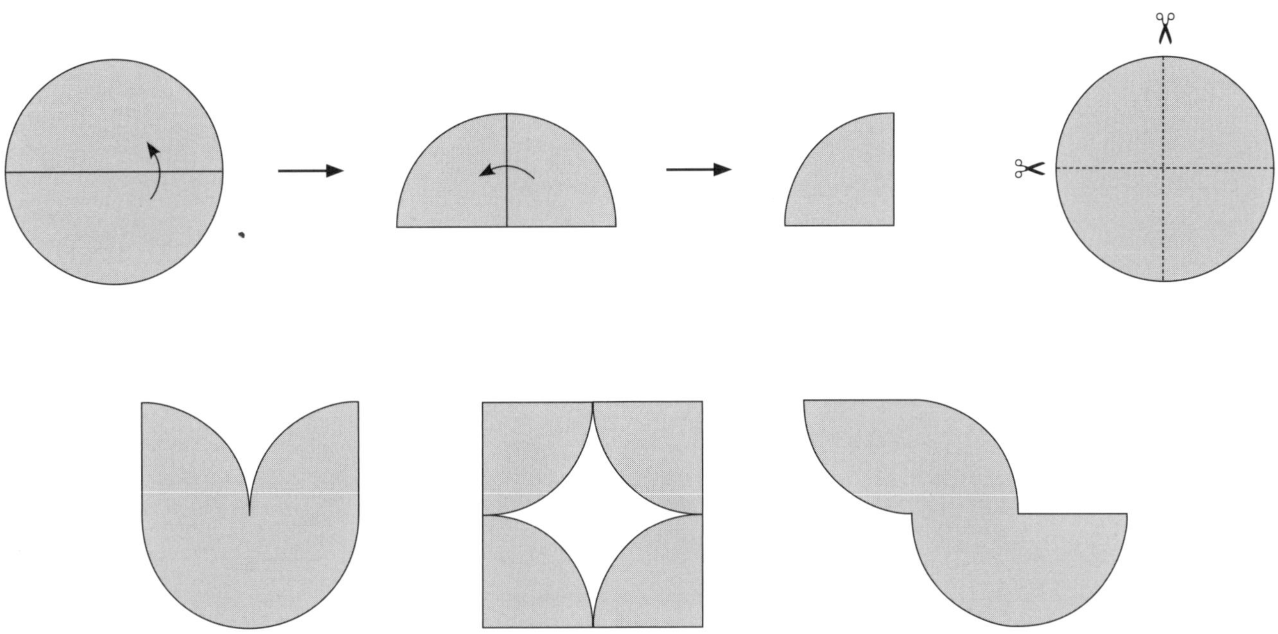

Faltstern

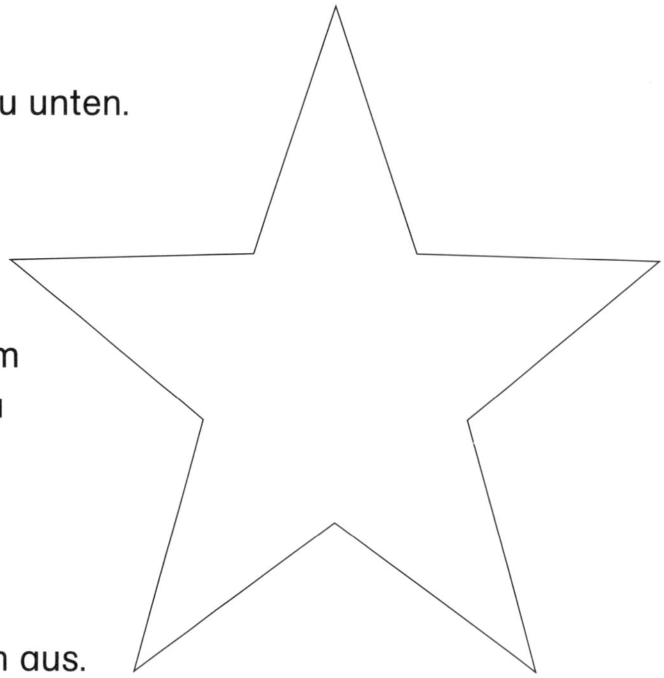

Die Vorlage für diesen Stern findest du unten.
Schneide sie aus und versuche
den Stern zu falten.

Wenn du mehrere Sterne aus farbigem
Papier herstellen möchtest, kannst du
so eine Schablone basteln:

1. Schneide die Vorlage aus.
2. Klebe sie auf stabilen Karton.
3. Schneide die Form aus dem Karton aus.

So stellst du mit der Schablone farbige Sterne her:

1. Lege die Schablone auf farbiges Papier.
2. Umfahre sie mit Bleistift.
3. Schneide die Form aus.
4. Falte den Stern.

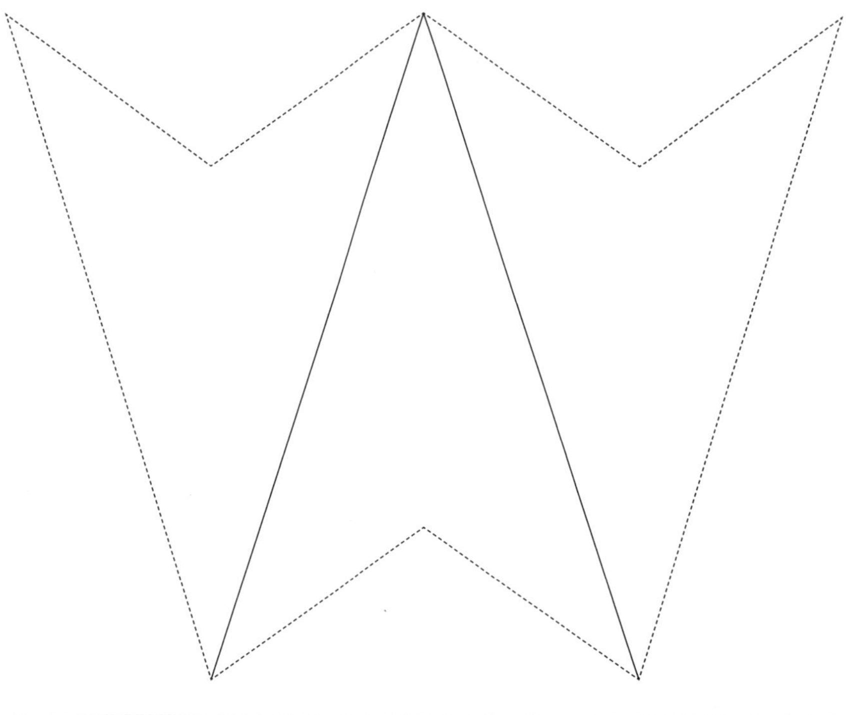

Name:

Muster

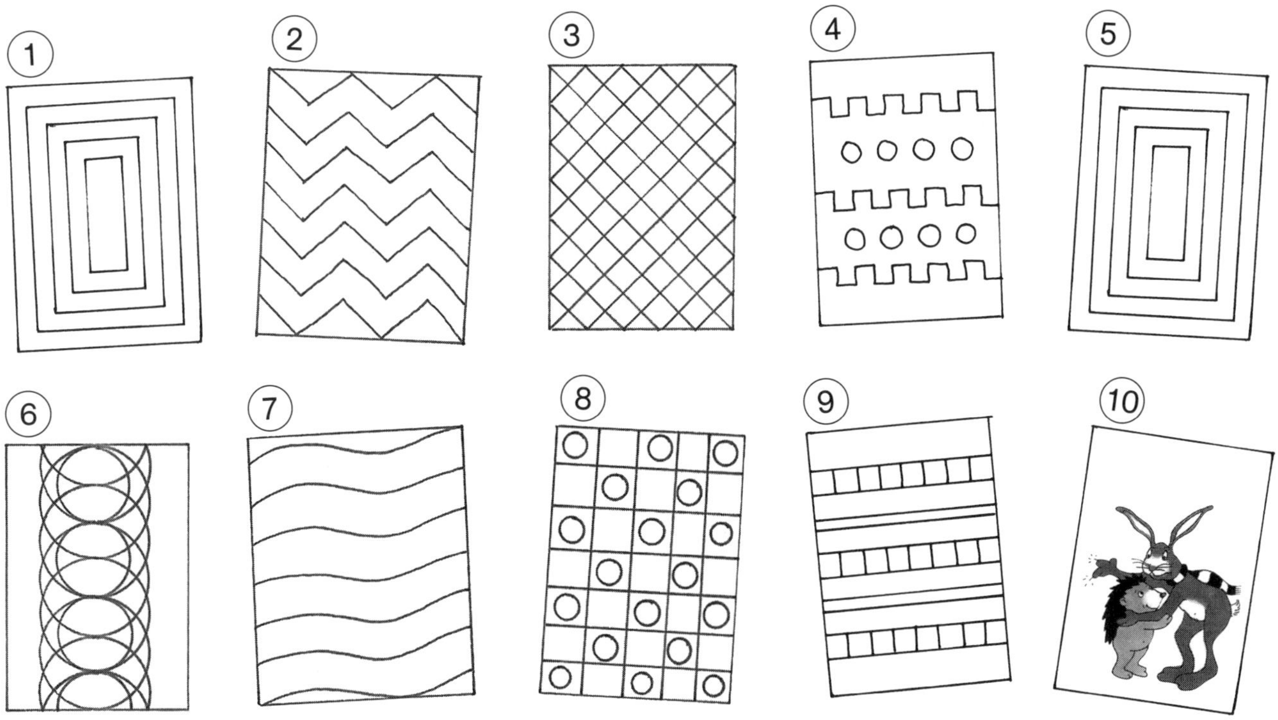

1. Schau dir die Karten an und beantworte die Fragen.

a) Welche Karte hat kein Muster? Nummer ☐

b) Welche beiden Karten haben das gleiche Muster? Nummer ☐ und ☐

c) Welche Muster haben gerade Linien?

Nummer ☐, ☐, ☐, ☐, ☐, ☐ und ☐

d) Welche Muster haben gekrümmte Linien?

Nummer ☐, ☐, ☐ und ☐

2. Erfinde noch mehr Muster.

Name:

Schöne Ostereier

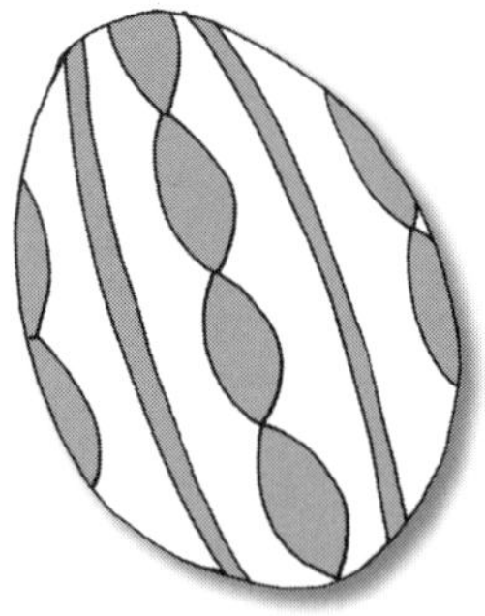

Immer zwei Eier haben das gleiche Muster.
Verbinde die Paare.